MW01621151

Hago lo que puedo

Sola, Francisco Simón
Hago lo que puedo: reflexiones para conectar con tu coherencia emocional / Francisco Simón Sola. - 1a ed. - Tandil: Francisco Simón Sola, 2023.
224 p. ; 14 x 20 cm.

ISBN 978-631-00-1813-3

1. Autoayuda. 2. Filosofía del Espíritu. 3. Desarrollo Personal. I. Título.
CDD 158.1

Arte de tapa y diseño interior: Mariana Pittaluga @mariana_pittaluga
Corrección y edición: Laura Zavoyovski @escribotusideas

© Copyright 2023
Esta publicación no puede ser reproducida, ni en todo ni en parte, ni registrada en, o transmitida por, un sistema de recuperación de información, en ninguna forma ni por ningún medio, sea mecánico, fotoquímico, electrónico, magnético, electroóptico, por fotocopia o cualquier otro, sin permiso previo por escrito del autor de la obra.

IMPRESO EN ARGENTINA
© Francisco Sola
Tandil, Buenos Aires, Argentina.
Correo electrónico: franciscosola92@gmail.com
Redes sociales: @FranciscoSolaOk

HAGO — LO QUE — PUEDO

REFLEXIONES PARA
CONECTAR CON TU
COHERENCIA EMOCIONAL

Dedicado a mi familia, a kiki, a mis amigos, a mi niño interior y al Tao.

Índice

¿Por qué leer "Hago lo que puedo"?

Andamos de aquí para allá, a toda velocidad, apurados por llegar antes que nadie a quién sabe dónde. Vivimos el momento posando, con tal de llevar una vida "instagrameable". Seguimos dietas, métodos, rezamos a Dios o repetimos mantras y haikus. Con sonrisa de Mona Lisa, con la autoestima por el décimo subsuelo y miedo. Al paso del tiempo, a no ser suficientes, a no ser queridos o reconocidos... Ansiosos y estresados, como en piloto automático, viajamos en el auto fantástico por la autopista de una vida que no es vida.

Entonces, llega Francisco Sola con su primer libro *Hago lo que puedo* que, en resumidas cuentas, es una invitación a dejar de buscar y a vivir a tu manera conectando con tu coherencia emocional.

Un libro muy bien pensado y mejor escrito que te ofrece una nueva perspectiva desde la cual ver al mundo y verte a vos. En él, no encontrarás recetas, verdades reveladas ni atajos. Sí vas a hallar sentido al sinsentido, orden o equilibrio en el caos y paz en tu mundo, una paz que ya habita en vos, y que quizá hasta ahora no experimentaste. En sus páginas, vas a leer cuentos, metáforas y anécdotas que te inspiren a redescubrir la belleza de seguir tu esencia. "La clave está en ser quien sos", dice Sola.

Contrario a las tapas de los diarios, él es optimista. Seguramente, porque tiene claro que "la realidad" no está afuera, sino dentro, y que es lo que es. Cada capítulo es un bálsamo que te alivia con palabras y te relaja. Casi sin darte cuenta, a medida que avances en la lectura, vas a dejar a un lado tu mochila, llena de miedos y juicios heredados, para seguir con menos carga (y menos culpa) ese sendero que te reconduce a vos y te invita a transitarlo prestando atención a los detalles, al paisaje y al rostro de quienes te acompañan.

El libro que tenés en la mano puede ser tu oportunidad de redescubrir la pureza y la inocencia que tenías en la niñez, cuando eras capaz de vivir el momento y jugar. Tal vez así, te entregues a la aventura de vivir como se te cante. Porque, como dice Sola, flamante autor de esta obra que promete ser *best seller*: "Esta es tu vida, tu única vida, y es tuya".

El paraíso no está en otro lado; tampoco está perdido. Está aquí y ahora, aunque no te hayas dado cuenta.

Laura Zavoyovski
Periodista, psicóloga y escritora
@escribotusideas / @365diasparapensar

Algunas frases antes de empezar

Solo cuando te canses de buscar, vas a entender este libro.

No hay dos.

Tu corazón sabe todo

El opuesto a la muerte es el nacimiento, la vida no tiene opuestos.

No es necesario saber hacia dónde ir

Somos uno.

El poder de los cuentos

Hace unos días fui a lo de mi dentista para un chequeo de rutina. Durante la revisión, la odontóloga notó que mis encías presentaban restos de comida que podrían causar una infección en el futuro, lo cual evidenciaba una mala técnica de cepillado.

En lugar de, simplemente aconsejarme mejorar mi cepillado, me hizo una pregunta: Francisco, ¿qué se debe hacer para limpiar un piso? A eso respondí: Para dejarlo limpio debemos usar lavandina al trapear. Ella rio y me explicó: Para limpiar un piso correctamente, primero hay que barrerlo a conciencia y luego trapearlo. Barrer previamente evita que queden pelos y suciedad en las esquinas. Además, añadió: Es importante limpiar todas las esquinas para lograr un piso reluciente.

Este libro no habla de la higiene bucal, pero me pareció muy interesante su consejo. Ella generó una metáfora para enseñarme cuál era la forma más efectiva de cepillarme los dientes. En el momento me causó gracia y le pregunté por qué lo había hecho. Y ella, risueña, me contestó: Estoy cansada de decirle a mis pacientes que se limpien bien los dientes. Desde que les explico con metáforas, llegan a la siguiente consulta con los dientes más limpios.

Me pareció sencillamente increíble este ejemplo para arrancar mi libro. Todos sabemos que tenemos que bajar de peso, ponernos a estudiar, dejar a esa persona violenta o cepillarnos mejor los dientes. El tema es que no lo hacemos y de poco sirve que venga alguien a decirnos que tenemos que hacer dieta o ponernos a leer. No nos llevamos bien con las acciones directas; nos incomodan. Ya sabemos qué hacer, el tema es que no lo hacemos.

Las metáforas son bellas porque nos enseñan indirectamente. Un cuento te persuade, una doctrina te obliga. Un cuento te relaja, una teoría te tensiona. Observá tu cuerpo cuando te dicen una metáfora. Te volvés más dócil, te relajás, te empezás a acomodar en el asiento o en el lugar donde estás. Cuando era un niño, mi mamá me contaba cuentos a la hora de irme a la cama, justamente, porque me relajaba mucho escuchando sus historias.

Un cuento es una imagen en movimiento, y las imágenes son el lenguaje más primitivo y puro que tenemos. Por más metodológico o metodológica que seas, a la noche soñás con imágenes, y no con letras. Cada sueño, en realidad, es un cuento que olvidamos al despertar.

En cambio, escuchar una teoría o una metodología necesariamente exige un alto grado de concentración. Todos tus sentidos tienen que estar atentos a lo que estás oyendo y, si te distraés por tan solo unos segundos, tenés que volver a leer porque te perdés y no entendés de qué se está hablando.

Recuerdo que, en la universidad, para concentrarme, ponía los codos sobre la mesa, mis manos a los costados de mi cabeza y me disponía a leer bien rígido porque, de otra manera, me distraía y tenía que volver a leer la misma página aburrida.

La doctrina es directa, es exacta. En cambio, la metáfora es ambigua; no es necesario recordar palabra por palabra. Con que captes el espíritu del mensaje, alcanza. A una doctrina, si no la practicás todos los días, la olvidás. A una metáfora la vas a recordar toda la vida. La doctrina te dice qué tenés que hacer. La metáfora opera en el inconsciente, trabajando dentro tuyo, sin que te des cuenta. De hecho, estoy seguro de que, en tu próxima cepillada de dientes, vas a recordar la metáfora de barrer bien las esquinas del piso. Dicho esto, no sé si este libro va a servirte para tomar consciencia de tu vida, pero, de lo que sí estoy seguro, es de que va a mejorar tu higiene y salud bucales.

Somos mamíferos que contamos cuentos

Las metáforas son la esencia de la humanidad. Desde los tiempos más antiguos, hace miles y miles de años, nuestras sociedades fueron formadas por metáforas, por cuentos, por mitos. El monte Olimpo en Grecia, Rómulo y Remo en Roma, el dios Atum que creó todo a partir del caos primordial en Egipto, Adán y Eva en la Mesopotamia o el dios inca Viracocha que emergió del lago Titicaca para crear al mundo, son tan solos algunos ejemplos de cómo hemos formado nuestros significados a partir de bellos cuentos.

Nuestra esencia está vinculada a la necesidad de crear mitos. Somos simples mamíferos que contamos cuentos. Somos las historias que nos contamos. Los cuentos nos ayudan a encontrar un sentido al mundo interior y exterior, nos contestan preguntas que no tienen respuestas desde la razón y nos abrazan para contener la angustia de lo inexplicable.

Escribo este libro para intentar aliviar el profundo dolor de la ansiedad y el estrés que generan el ritmo acelerado de nuestras sociedades, el miedo a lo desconocido, el temor a fracasar o a no ser suficientes, la falta de autoestima y, en especial, la angustia existencial de no saber para qué hacemos lo que hacemos.

El problema es antropológico. Creo que hay dos grandes variables que inciden en nuestro malestar, en nuestra inestabilidad. Por un lado, la velocidad con la que hacemos las cosas, que es inmensa y nos desconecta de la presencia (el famoso aquí y ahora). En esa línea, parece que valemos por lo que tenemos y hacemos. Y, en segundo término y más especialmente (y creo que nadie lo ha difundido así o, por lo menos, yo no lo he escuchado), la retirada de las religiones de nuestra rutina.

Religión viene de *religare*, que significa reunir. Todas las religiones se han basado en cuentos, en fábulas, en metáforas que contestan las preguntas más íntimas y eternas de la humanidad: por qué estamos acá, para qué, qué pasa después de la muerte y de dónde venimos. Todas las religiones contestan estas preguntas. En efecto, lo inexplicable fue alegado, en algún momento de la historia, por una acción divina. En la antigua Grecia se decía que las estaciones climáticas del año se debían a Deméter y Perséfone, y los truenos, en la mitología nórdica, eran causados por Thor provisto de su martillo Mjolnir.

Con el avance de la ciencia, ya no podemos creer que estos fenómenos sean causados por dioses. Sabemos que las estaciones del año son originadas por la traslación de la tierra y los truenos por la diferencia entre las cargas eléctricas de las nubes y la superficie terrestre.

Año a año, la influencia de las religiones fue retrocediendo, aunque todavía existen preguntas que no pueden ser contestadas por la ciencia, y es ahí donde yace la posibilidad de la divinidad.

Como ya te adelanté, pese a que soy una persona atea (más adelante desarrollaré esto), creo que uno de los motivos del por qué tenemos tanta angustia hoy en día es por la retirada de las religiones de nuestra vida cotidiana. Cada día se hace más difícil creer que todo es causado por un dios de túnica blanca y barba. Ir a misa da pereza y no creemos mucho en los preceptos religiosos. Si bien es un avance que celebro, tiene sus consecuencias.

Nos hemos independizado de las religiones y vivimos según nuestras propias creencias. La retirada de las religiones tradicionales dio paso a una nueva ola mística: las vibraciones. Hoy, el dios se ha diluido en ondas, en frecuencias... Muchos buscan encontrarle una explicación pseudocientífica de la mano de la física cuántica, otros a través de la astronomía, entendiendo que todo te pasa porque "Neptuno está retrógrado en Mercurio" o debido a que sos de Escorpio o Virgo. Algunos empezaron a creer en las vidas pasadas o en la reencarnación. Todas estas respuestas se encuadran en el mismo paradigma; vienen a cumplir exactamente el rol que ocupaban las religiones tradicionales: dar un sentido a nuestras acciones y contestar esas preguntas que no tienen respuestas.

Se cambiaron las iglesias por el yoga, el rosario por un japa mala, las oraciones por mantras, sin embargo, la esencia no cambió: todavía se necesitan respuestas a las preguntas trascendentales.

Yo no juzgo nada. Incluso la no creencia es una creencia, y todas son válidas. Tanto el que cree en el dios cristiano como en las vibras, en las reencarnaciones o en la nada... Todos buscamos un sentido. Todos ansiamos calmar esa angustia de no saber.

El problema que observo es que caemos en la trampa del ego espiritual de seguir a maestros o a doctrinas para encontrar la paz. Esto te impide conectar con tu esencia. Y, por otro lado, están las personas que no encuentran cobijo ni en la antigua ola de espiritualidad ni en la actual, y esto les genera un vacío ciertamente angustiante.

Mi misión es hablar de espiritualidad sin creer en el espíritu.
No voy a quitar ni negar a los creyentes las enormes enseñanzas que existen en las religiones. Se puede aprender un montón de las reflexiones que se encuentran en los textos sagrados, sin la necesidad de tomarlos como verídicos. Incluso pueden ser de ayuda para muchas situaciones del presente.

Hoy, por el rechazo que le tenemos a las religiones, nos hemos quedado huérfanos de cuentos, de historias. Ya no se cuentan metáforas. En la actualidad se prioriza el saber. Leemos y estudiamos muchos libros de cientos de páginas e invertimos infinidad de horas sentados en sillas (las llamadas "horas culo"). No explicamos, sino que repetimos lo que nos dicen. No importa la calidad, importa la cantidad de información que manejamos. Hemos reemplazado la fábula por el manual y esto contribuye a nuestro dolor.

Por eso, este libro contiene muchas metáforas y cuentos. Reivindico el enorme poder que tienen para enseñar. Las religiones están llenas de relatos porque la transmisión verbal era (y es) la forma de unir a las comunidades.

Creo que la revolución más grande que podemos hacer en la enseñanza es volver a los cuentos y a los mitos para aprender la esencia de sus mensajes e integrarlos a nuestra vida. Lo más simple es lo más complejo. Un cuento y su esencia son más profundos que una biblioteca repleta de libros.

No quiero que este libro sea un manual con hojas de más. Simplemente, quiero contar mi historia, mi verdad y las reflexiones que me han ayudado a encontrarle sentido al sinsentido y lograr estar más en paz con el mundo. Deseo que *Hago lo que puedo* te relaje y haga trabajar a tu inconsciente, que utilices mis vivencias como fábulas y que aprendas nuevos mitos.

¿Arrancamos? Subrayá, escribí en los márgenes y dale toda tu esencia a cada hoja leída. Que el libro se transforme en una parte intrínseca de tu ser. Te deseo una buena aventura.

Más Maitreyas, menos Budas

En 2020, bajé sesenta kilos en un año sin trucos ni recetas mágicas. ¿Cómo lo logré? Haciendo ejercicio y comiendo relativamente bien. Este cambio, que difundí en mis redes sociales, generó un revuelo impensado, que llegó hasta algunos medios nacionales.

Expertos en comunicación me recomendaron que no dijera la verdad. Según su parecer, era una oportunidad para crear una línea de negocio en torno a mi descenso de peso. ¿Cómo lo conseguiría? Tenía que inventar el "Método Sola para bajar de peso" con secretos encapsulados en una metodología que prometía ser revolucionaria. ¿Qué hice? No acepté, de ningún modo, esta sugerencia, por dos grandes argumentos. El primero es que no pienso manipular a nadie, y el segundo, es que estoy convencido de que el concepto de metodología es justamente la llave al fracaso.

La única diferencia significativa entre los treinta intentos anteriores de bajar de peso a lo largo de mi vida y este último fue que, cansado de fracasar siguiendo recetas de otros, me propuse, por primera vez, seguir mi verdad. Hubo una frase que surgió sin pensarla y la convertí en mi mantra en ese momento: El plan perfecto es el plan posible.

Lo que le recomendaba entonces a todo el mundo era seguir su propia coherencia emocional. Ya habían probado siguiendo miles de recetas, dietas y planes, y todo había fracasado... La respuesta evidentemente no estaba afuera y yo no iba a ser otro clavo en su ataúd. A lo mejor, la respuesta se encontraba un poco más cerca, en su interior.

Recibía miles de mensajes y todos eran iguales: provenían de un ser humano desesperado por recibir ayuda. Mi consejo era que lo intentasen a su manera, comiendo sano, pero cosas que les gustasen y haciendo ejercicio; un ejercicio que también les gustase. A la mayoría, esta respuesta no le alcanzaba. Muchos se mostraban desilusionados porque ansiaban dar con una solución mágica. Un secreto que transformase lo difícil en fácil. Querían el bendito "Método Sola para bajar de peso".

Esto es entendible. Seguir a otro es lo más común del mundo. ¿A qué me remite esto? El Buda, antes de morir, dijo que iba a volver en 2500 años, y que su nombre sería Maitreya. Buda en sánscrito significa "el despierto", mientras que Maitreya significa "el amigo". Durante todos estos siglos se han hecho estatuas y templos en honor a Maitreya, el siguiente Buda.

Desde mi punto de vista, siento que se ha malinterpretado esta verdad que dejó el Buda. Una persona que logra la iluminación no va a volver a este mundo. Un Buda, al alcanzar la budeidad, se disuelve en el cosmos, como una gota se diluye en el océano. Lo que quiso decir Buda fue que no va a volver como Buda, sino como Maitreya. Buda no va a ser un iluminado, un maestro o una persona despierta, sino un amigo.

A la humanidad le va a costar 2500 años romper con la relación alumno-maestro, que es la llave para el despertar. Buda sabe que el ser humano tiene una tarea ardua por delante; que dejar de seguir a maestros supone un inmenso desafío.

2500 años calculó Buda que iba a tardar el ser humano para dejar de buscar al Buda. Esa cifra alegórica expresa que falta mucho tiempo. Y creo que todavía estamos muy lejos de que esto suceda. ¿Por qué? El ser humano se transformó en un adicto a seguir a otras personas. Se compara con el vecino y siempre quiere más. No encuentra la belleza en ser quien es y envidia lo que tiene el otro. Desde tiempos inmemoriales, siguió a un líder, fuera este un guerrero o un sacerdote. Siempre el otro contuvo las grandes verdades. Esto quizás sea algo inherente a la condición humana.

En Oriente, los dioses creadores son personificados con deidades femeninas, lo cual tiene mucho sentido, ya que es la mujer la que trae vida al mundo. En cambio, en Occidente hemos elegido al Padre como figura creadora y guía. Es esa figura de autoridad todopoderosa plena de verdades que solo él puede ostentar. Por ello nos encomendamos a su sabiduría y a sus leyes.

Eso, hoy en día, no ha cambiado. Seguimos a políticos, profesores, famosos, mandatos familiares... Siempre queremos ser aprendices de algún maestro. Por eso, nos fascina el yoga, la meditación, los mantras, entre muchas otras cosas orientales que occidentalizamos. Hemos pervertido técnicas superbellas. Nos creemos separados, nos creemos en escasez y, por lo tanto, utilizamos estas técnicas bajo el mismo concepto: "Yo no tengo, hago esto para llenarme, para ser suficiente." Y así se nos va la vida.

Pero atención, el Buda no quiere ser más Buda, quiere ser Maitreya, quiere ser tu amigo. Un amigo es alguien que camina con vos, no te guía. Que te puede escuchar y dar consejos, pero no tiene la verdad revelada ni la llave para poner fin a tu sufrir. Está al lado tuyo, ríe y llora con vos, mientras hace su vida, no la tuya. Tampoco espera que vos hagas su vida. Por favor, no quieras transformar a Buda en Buda, él quiere ser Maitreya, quiere ser tu amigo porque entiende que, si sigue siendo Buda, jamás podrás encontrar la paz y despertar.

¿Y cómo se encuentra la paz? No buscándola, ese es el secreto del zen. Cuando te rindas, cuando dejes de buscar, vas a encontrar la paz que ya está dentro tuyo. Cuando dejes de ir al templo, de meditar, de seguir a maestros, vas a entender todo. Por eso, el zen tiene la loca idea de que la iluminación sucede en un instante, en un segundo. La llave está en ser quien en verdad sos, aceptarte en tu totalidad, con tus luces y sombras, y reconocerte completo, así como sos.

Por eso, este libro habla de la coherencia emocional y de cómo conectar con ella. Te voy a contar los enormes beneficios que descubrí al aceptar quien en verdad soy. Eso, ni más ni menos. Es un libro para dejar de seguir a maestros, es un libro para amigarse con lo que uno es, porque creo que la mayor fuente de sufrimiento hoy en día es el resultado de haber perdido nuestra singularidad, nuestra esencia.

Este libro es simple, como el zen. No hay magia ni alquimistas. No hay revelaciones ni contactos divinos o de energías. No hay hitos fundacionales ni historias rimbombantes... Simplemente cuento algunas reflexiones de mi vida. Soy Fran, un amigo, una persona que hace lo que puede con su vida, y este es mi libro hecho con todo el amor del mundo para poder dar sentido al sinsentido y para que cada persona conecte, de la manera más íntima, con su bella coherencia emocional.

Mi deseo es que haya más Maitreyas y menos Budas.

La noche oscura del alma y otras yerbas

Algo que pude observar en distintos coaches, gurús y maestros es que su despertar, su gota que rebalsó el vaso, siempre es épica. Cuentan hitos fundacionales para conectar con su audiencia objetiva. A propósito de esto, me asombra el marketing que hay detrás de las personas que se supone que tienen que abrir su corazón.

Son todas iguales. Basta que dediques un rato a observar a los grandes referentes en la materia que sea, para darte cuenta de que repiten el mismo patrón. ¿A qué me refiero? A "la noche oscura del alma" que, en simples palabras, es un momento de extremo dolor emocional en el que la persona toca fondo y logra despertar. Este concepto es más viejo que las piedras, pero es muy fácil de interpretar, y a todos nos encantan las historias de superación.

En mi experiencia, eso de tocar fondo no es muy real que digamos. Siempre se puede caer más bajo, siempre hay un abismo más profundo. La verdad es que no atravesé ninguna noche oscura del alma, primero porque no creo en el alma y, segundo, porque lo que en verdad importa no es la gota que colma el vaso, sino toda el agua que contiene ese vaso. La gota, en verdad, es una excepción.

Cuando bajé de peso muchas personas me preguntaron cuál había sido el clic, esperando encontrar en ese hecho la llave para lograr su propio cambio. Sinceramente, no hubo un hecho que desencadenara mi proceso. Fue la vida misma. Un día me levanté, le escribí a José, que era el dueño del gym y, a la hora en la cual menos excusas podía tener, fui.

Había leído que el mejor horario para ir a entrenar era temprano, así que probé ir a la madrugada, pero me quedé dormido y hacía mucho frío. Lo mismo me pasó a la noche, cuando ya no me daban ganas de salir, aunque muchos me recomendaban que era una buena forma de terminar el día. Entonces, encontré en la tarde (en "mi" tarde) el horario más cómodo. No hacía ni mucho frío ni mucho calor, en mi tiempo libre dentro de mi rutina. Es curioso, pude sostener el hábito del ejercicio cuando dejé de hacer caso a los demás y emprendí mi propio camino.

A la semana, empecé a comer más sano. Fui al mercado y me traje los alimentos que más me gustaban. Dejé de buscar las verduras que me recomendaban los médicos (algunas que nunca había probado) y elegí los alimentos sanos que me eran conocidos. Las nutricionistas me decían que comiera coliflor. Yo en mi vida había visto una coliflor; es más, pensaba que era un pájaro, la novia del colibrí (me parto de risa al recordarlo). Ese tipo de alimentos sanos resultaba muy extraño en mi rutina, por lo que decidí que esta vez iba a empezar con lo sano y conocido, para después ir agregando, poco a poco, alimentos más novedosos para mí. De nuevo, empecé a comer bien cuando dejé de seguir consejos que no se aplicaban a mi vida y, en cambio, inicié mi propio viaje.

Simple: un día me levanté y todo tenía sentido. Esa vez pude sostener el cambio en el tiempo. Cada paso daba miedo e inseguridad, pero podía mantener el ritmo de avance. No hubo ninguna noche oscura del alma, no hubo un rechazo amoroso, un despido, una depresión o una tragedia... Me levanté y lo hice, como lo había hecho unas treinta veces antes, y fracasado esas treinta veces.

Cuando conté esto me recomendaron que mintiera, que inventase una historia épica de superación. Pero... Inventar es mentir, es forzar algo irreal. Lo más sano que puedo recomendarte es no romantizar ni idealizar los cambios, sino aceptar los tiempos que tiene la vida.

Algo parecido me pasó cuando empecé este camino como divulgador de la filosofía zen. Todos querían saber cómo había arrancado, dónde radicaba el secreto, cuál había sido el momento bisagra... En definitiva, querían que les contara mi noche oscura del alma. Y otra vez, me sugirieron inventar una historia mística. Como estar buscando una respuesta y que un libro de la biblioteca se caiga y, en la página abierta, haya una revelación. O escuchar en el susurro del viento un mensaje. O soñar que Buda Gautama me dice que soy su discípulo. Contarlo así suena algo burdo, pero si te disponés a escuchar a la mitad de los gurús, vas a descubrir que tienen una historia mística de ese calibre.

Pero, insisto, no me pasó nada del otro mundo. Empecé a leer y a frecuentar ciertas disciplinas que me llamaron la atención. Aunque, en mi caso, puede haber algo romántico que merezca ser aclarado.

La angustia, una constante en mi vida

Toda mi vida sufrí la obesidad y mi vida siempre tuvo un hilo

de tristeza generalizada. No llegó nunca a depresión, aunque sí a un malestar, a un nudo en la garganta que aparecía de vez en cuando y tardaba en desaparecer. Nunca me sentí comprendido y la soledad fue un refugio que hasta hoy conservo. No creo que sea algo extraño lo que digo (muchos deben sentir algo similar). ¿Qué me pasaba? No estaba a gusto conmigo.

En aquel tiempo, tenía la más firme convicción, creencia e ilusión de que todos mis problemas se debían a la obesidad y que iban a ser solucionados si bajaba de peso. En consecuencia, mi vida se basó en una búsqueda concreta: la de sentir que valgo. No me creía suficiente en ningún área.

El colegio siempre me aburrió, estar cinco horas sentado escuchando a un profesor me resultaba insoportable. Quería saber qué decían los pájaros en la ventana o por qué al tiempo le llaman "tiempo". Me aburría mucho escribir cuando me dictaban o escuchar atentamente cuando explicaban. Solo respetaba a unos pocos profesores que te hacían pensar, no se preocupaban en exceso por enseñar su materia, sino más bien querían que sus alumnos pensemos en vez de repetir como loros cifras o fechas. ¡Esas horas eran una fiesta, las disfruté un montón! Pero, sacando esas excepciones, mi época de colegio fue un martirio.

Me iba bastante mal durante todo el año y, a final del curso, tenía que rendir seis, ocho o diez materias. El dato importante en esta historia es que mi cumpleaños es el 17 de diciembre, fecha alrededor de la cual se recuperan las materias desaprobadas en el año escolar en mi país, motivo por el cual, desde los doce años, no festejé mi cumpleaños. Era entendible, mis padres hacían un gran esfuerzo para pagar mi colegio y no podían premiarme en la semana en la que tenía que recuperar materias. No los juzgo, no obstante, creo que esa invalidación de nunca festejar el día de mi nacimiento impactó profundamente en mi autoestima.

Siguiendo con el relato de mi cambio físico, tengo claro que siempre asocié mi sobrepeso a una necesidad inconsciente de protección. Necesitaba comer para taparme, para resguardarme. Nunca me sentí lleno, el vacío que sentía nunca se llenaba. Lo tortuoso de la situación era que, mientras más buscaba, más grande era ese vacío y mayor era la necesidad de comer y de protegerme. Tenía mucho miedo de aceptar quién era porque nunca consideré que ese Yo fuera suficiente, por lo que trataba de llenar de condecoraciones a esa invalidación emocional. Quería consolar con juguetes a ese niño que lloraba solo y no era bueno en nada. No era bueno en la escuela ni era bueno en los deportes por mi sobrepeso... ¿Y qué hace una persona que no es buena en nada? Se mete en política.

El político de profesión es una persona muy triste por definición. No se conoce y quiere guiar a los demás (así estamos). En mis años dentro de la famosa "rosca política" no conocí a una persona en paz consigo misma. Es que el objetivo de una persona que tiene paz no puede ser el poder. Una persona que hizo su vida y luego dedica tiempo a la política es distinta (he encontrado varios ejemplos admirables a lo largo del camino). Pero el que hizo de la política su oficio es una persona que evade la responsabilidad de su sentir para ocuparse en el afuera.

Pude observar una diferencia entre los llamados políticos de carrera. O se trata de una persona infeliz que pasa sus días sufriendo o es una persona que gana muchas elecciones y está tan enceguecida por el poder, que su ego lo mantiene ocupado. Pero, indefectiblemente, ambos especímenes tienen el mismo síntoma: evadir su realidad.

Si para muestra basta un botón, para explicarte esa diferencia, te cuento una anécdota que viene al caso. En un congreso en Nicaragua, conocí a dos alcaldes. Eran el Yin y el Yang. Del mismo partido político, ambos eran amados por sus pueblos, pero estaban en veredas emocionales opuestas. Uno se había dado cuenta de todo lo que había perdido por ser político: a su familia, su empresa, sus amigos, su intimidad (era juzgado por todo lo que hacía, ni siquiera podía disfrutar de sus vacaciones) y estaba muy triste cuando lo conocí. El otro alcalde, quien me pareció muy tierno, era todo lo contrario. ¡No saben lo contento que estaba con ser alcalde! Me dijo: Yo pienso ser alcalde toda la vida. Estaba extasiado, su ego resplandecía ante cada foto, ante cada aplauso, ante cada persona que lo reconocía en la calle y ante cada nota con su imagen en Internet.

¿Cómo termina la historia? En Nicaragua el presidente decretó la reducción de alcaldías; muchas se fusionaron y ambos personajes dejaron de ser alcaldes de un día para el otro. Para uno fue el indulto más benevolente y gratificante de su vida, y, para el otro, la tragedia, la pesadilla más terrible.

Yo me identificaba con el segundo alcalde. No era bueno en nada, pero para ser político no se necesita mucho. A nadie le interesa la política, por lo que sabiendo un poquito ya sobresalía de entre los demás (ya "era alguien" por saber un poco más que el resto).

Los más grandes te usan, los que llegan con buenas intenciones se cansan de ese maltrato y se van, pero los que no se quieren pueden tolerar estos abusos teniendo la esperanza de llegar a ser, en algún momento, quien dirija y controle a los demás.

Como no me quería, como no quería aprovechar el bello milagro de ser quien era, podía aguantar el abuso y maltrato de los dirigentes. A ojos de mi ego, no tenía otra alternativa, era eso o la nada. Pasaban los años y la posibilidad de dejar todo se hacía cada vez más difícil, ya que la sensación de perder y de fracasar era cada vez mayor. Si no podía dejarlo con dos años de "carrera" política, menos iba a poder con doce.

Mi paso por la política fue deshonesto. Cometí la mayor de las traiciones posibles: me mentí a mí mismo. Me decía que lo hacía por los demás, que lo hacía para cambiar realidades, para salvar al mundo... En verdad, al único que quería salvar era a mí mismo de mí mismo. No lo hacía por los demás, lo hacía para ser alguien, para llenar ese enorme vacío e insatisfacción que sentía. Tenía la idea de que quizás, si mi nombre quedaba en los libros de historia, llenaría esa sensación de no ser suficiente.

Los años pasaban y mi vida seguía más o menos igual. Para la persona honesta, la política no deja dinero, pero requiere muchas horas, te diría que es un trabajo a vida completa. Desde que te levantás hasta que te acostás, todo puede ser política. Desde los almuerzos y los cafés hasta estar en la cama mirando un programa periodístico antes de dormir. Todo puede ser política, y esto es lo atractivo para una persona que no se quiere: una excusa para evadirse, para mutilar el presente con una excusa digna a los ojos de los demás.

Fui un impostor. Me engañaba a mí mismo y engañaba a los demás. La política debería ser un espacio donde dar, ayudar, hacer que las cosas mejoren. Yo la usaba como excusa para agredirme y, por lo tanto, también agredía a los demás con esa falsedad que regalaba en demasía a los que me rodeaban. Esto no fue gratuito. Uno puede mentirse, puede fingir demencia y no hacerse cargo de quién uno es, pero día a día esa falsedad va desgastándote poco a poco, el fruto se empieza a podrir y contamina a todo lo que toca.

Y así fue. Los años pasaban y el vacío seguía existiendo. Lo trágico era que, mientras más años pasaban, el vacío crecía. Era un agujero negro que se expandía un poco cada día, devorando todo, incluso planetas y galaxias enteras. Cuando uno no sigue a su verdad, cuando uno no sigue a su coherencia emocional, esa sensación de incomodidad va creciendo día a día, poco a poco, y se va fortaleciendo de las heridas anteriores.

La búsqueda que plantea el ego siempre termina empeorando la situación. No conocí una persona que haya terminado de otra manera. Los placeres del ego son momentáneos, suelen estar vinculados a la comparación con los demás. Si lográs algo que los otros no tienen, podrás estar feliz, en éxtasis, por un rato. Pero, indefectiblemente, la incomodidad volverá a surgir en la comparación con otro ser que se encuentre un poco más lejos o más arriba.

En la mitología griega, hay un monstruo acuático al que todos temen: la Hidra de Lerna. Para mí, esta fábula es un desafío que Hércules tuvo que superar contra su ego.

La hidra era una serpiente gigante que tenía nueve cabezas y, cada vez que le cortaban una, le surgían dos nuevas. Creo que hay una profunda reflexión sobre la naturaleza del ego y su constante búsqueda de satisfacción en este animal mitológico. El ego, como la hidra, nunca parece saciarse, siempre anhela más, persiguiendo incansablemente la felicidad y la plenitud. Es interesante notar cómo el ego se aferra a la idea de que la verdadera felicidad reside en los logros y en la validación externa.

La hidra necesita que alguien le corte la cabeza para duplicarse. Asimismo, el ego busca nuevas metas, deseos y logros para llenar un vacío interno que parece insaciable y que se magnifica cuando creemos combatirlo. Nos encontramos atrapados en un ciclo interminable de necesidades y expectativas, creyendo erróneamente que nuestra realización yace en la conquista de estos deseos efímeros, de estas cabezas que no paran de renacer.

Hay un dato sobre la hidra que es muy interesante: una de sus cabezas es inmortal y se asocia al ego, que parece resistir, incluso en los momentos más desafiantes. Se levanta una y otra vez, persistiendo en su búsqueda de reconocimiento y éxito, a pesar de los fracasos y decepciones que enfrenta. Nos aferramos a la idea de que el mundo exterior debe confirmar nuestro valor, y así el ego se alimenta de las opiniones y aprobaciones de los demás, perpetuando un ciclo sin fin de dependencia emocional con cabezas que siguen multiplicándose.

Si observamos detenidamente, vamos a ver que el verdadero desafío no radica en derrotar o eliminar al ego, sino en comprenderlo y trascenderlo. Hércules quemaba los cuellos de la hidra para evitar su regeneración. Es que, justamente, la clave para derrotar a la hidra era dejar de cortarle las cabezas y, más bien, quemar los cuellos para que no salgan otras nuevas. Sin embargo, nosotros creemos que es al revés, cabeza que aparece, cabeza que se corta, y así el ego se multiplica logrando duplicar la desdicha en nuestras vidas.

Yo era un profesional en cortar cabezas. Creía que mi insatisfacción iba a ser resuelta si cortaba todas las cabezas que aparecían... Pero mi sufrimiento no paraba de crecer en cada conquista, en cada éxito. No importaba cuán alto llegara, siempre se podía llegar más alto y, cuanto más alto estaba, más sufría.

Mientras más grave era mi desconexión conmigo mismo, más seria se tornaba mi relación con mi obesidad. Mientras más quería avanzar en ser, en valer, en que me reconozcan, más aumentaba de peso. Nada alcanzaba.

La ilusión de la felicidad del ego es negar el presente y depositar en el futuro la posibilidad de plenitud. Es como un arcoíris: cada vez que te acercás, el arcoíris desaparece y se encuentra en otro lugar distante.

Fue así como llegué a pesar 150 kilos. Aunque creo que fueron más, solo que a los 150 dejé de pesarme (no me animaba a subirme a la balanza). Pero sabía bien que ese no era mi fondo, que siempre se puede caer más bajo, como ya te dije al principio de este capítulo. Y, de repente, en ese momento, entendí que era necesario cambiar. Y no me refiero al sobrepeso. Empecé a entender, poco a poco, que la política no era mi vida. También entendí que abogacía y relaciones internacionales, carreras que había comenzado, no eran mi verdad. En simultáneo, me alejé de amistades que no me sumaban. Empecé, de a poco, a entender que no tenía que forzar nada más.

Todo se empezó a ordenar cuando entendí que no necesitaba protegerme, que estaba bien ser quien era. Poco a poco, fui alejándome de la política, dándole menos horas de mi día. Poco a poco, me fui ausentando de las clases y de los exámenes hasta que un día sentí que no tenía ni la más remota posibilidad de leer una hoja de algo que me interesara. Poco a poco, empecé a conectarme conmigo mismo. El vacío se fue llenando con ejercicio; disfrutaba del grupo humano que había generado en el gimnasio y en crossfit. Ya no tenía tanta hambre, hasta me tenía que obligar a comer porque necesitaba energía. Poco a poco, fui dejando amistades, roles y vínculos que me alejaban de mi verdad. Fui aceptando mi vulnerabilidad como un talismán, y no como una debilidad. Y fue así como, poco a poco, el cuerpo normalizó ese desbalance de sesenta kilos sin mucho esfuerzo o sacrificio. ¡Al fin estaba viviendo la vida que quería vivir! El "poco a poco" fue y es la clave de cualquier cambio.

Por eso, insisto en que, en mi caso, la noche oscura del alma nunca existió. No hubo un hecho, no hubo un instante de iluminación. Fue la vida misma, fue todo ese dolor de niño que fue gestándose durante mi infancia, adolescencia y adultez. Cada día me convenzo más de que creer que la gota es la culpable de derramar el vaso es improcedente.

Este libro intenta pensar al arte de vivir como un cúmulo de decisiones interminables de causas y efectos, en el que todo tiene un peso específico y significativo en el ser que sos hoy.

Te mando un abrazo.

CAPÍTULO I

Vivir en piloto automático

La primera película con la que lloré no fue *El rey León*, *Mi pobre angelito* o cualquier otra de Disney. Fue, a los quince años; más concretamente, una noche de primavera. No me podía dormir y en la televisión estaban pasando *Click: perdiendo el control*, una comedia que tiene a Adam Sandler como protagonista. Mis amigos de esos años se rieron cuando les dije que había llorado con esa película, pero no me importó. *Click* me dejó una profunda enseñanza.

Narra la historia de Michael Newman, un hombre atrapado en la rutina y obsesionado con el éxito profesional. Por dedicar demasiado tiempo al trabajo, no disfruta de su familia: llega tarde a la competición de natación de su hijo, en las celebraciones por el 4 de Julio, alejado de todo y de todos, se la pasa hablando por celular con su jefe y tiene que cancelar un campamento con sus hijos para cumplir con sus obligaciones laborales.

Hay una emoción que sostiene el hacer y hacer del protagonista: Michael trabaja mucho para que su familia no sufra la escasez económica que vivió él en su infancia.

Un día, frustrado por la falta de tiempo para disfrutar de los suyos, y a la vez, perseguir sus sueños, adquiere un misterioso control remoto universal que le permite adelantar, pausar y omitir momentos de su vida. Dicho aparatito es capaz de poner a Michael en "piloto automático", algo que él aprovecha para saltarse resfriados, duchas y hasta el caos del tránsito vehicular.

Pero hay un problema: casi sin darse cuenta, el piloto automático se tornó su rutina, y los momentos de consciencia, su excepción. Michael se da cuenta de que su vida ha pasado volando frente a sus ojos y que se ha perdido momentos cruciales junto a sus seres queridos. El control remoto, que al principio parecía una bendición, se convierte en una maldición, revelándole la importancia de vivir plenamente cada momento y de valorar las relaciones y las experiencias auténticas.

El tiempo sigue pasando y ve como la vida se le está yendo. Su esposa lo dejó, sus hijos no lo quieren y su mascota murió. Es así como llega, incluso al último momento en el que vio con vida a su padre, y observa qué mal lo trató (con una indiferencia total). Su padre se había ido llorando de su oficina. De esa forma, Michael toma consciencia del paso del tiempo, así como de la fragilidad de la vida humana.

Hacia el final de la peli, el protagonista se lamenta de haber pasado gran parte de su vida en piloto automático e intenta decir a sus hijos que lo más importante es la familia, y no la ambición desmedida en el trabajo.

Cuando terminé de ver esta película quedé conmocionado. Había tocado varias fibras íntimas. Siempre tenemos que recordar que afuera no hay nada, que todo lo que vemos es un reencuentro con nosotros mismos. Por eso, el ruido exterior es el reflejo del ruido interior, y siempre el afuera nos está enseñando qué está pasando dentro nuestro. El mundo exterior e interior son lo mismo, solo los separa la consciencia. En este sentido, si algo te conmueve, podés aprender de esa situación porque está hablando de vos. La película es una película, y listo. Ahora, que me movilice, que me interpele, refleja algo mío.

¿Qué tenía que ver Click conmigo?

Desde muy joven tuve pánico a la idea de morir, pero, en especial, al paso del tiempo. Algo melancólico, cuando las etapas terminaban, las atravesaba con una incomodidad desproporcionada.

Michael era una premonición, era mi futuro. Empaticé mucho con su angustia al ver que el tiempo se le estaba diluyendo porque, efectivamente, así pasé gran parte de mi vida: en piloto

automático, viviendo una vida que no era mía, haciendo las cosas para cumplir, y no porque las sentía.
Tengo la teoría de que solo le tememos al paso del tiempo cuando no vivimos. El paso del tiempo es simplemente eso: un camino necesario para que la vida se desarrolle.

La muerte no tiene que ser una tragedia, puede ser una fiesta, la última fiesta, el último orgasmo. Las lápidas deberían decir: GRACIAS POR TODO LO VIVIDO en mayúsculas. En tal caso, las arrugas y las canas serían testigos de que se vivió una inmensidad de momentos.

Hace poco probé un filtro en TikTok que me mostraba como me voy a ver cuando sea un anciano. Si el Francisco de quince años hubiera visto esa imagen estoy seguro de que se hubiera horrorizado, se le hubiera hecho un nudo en la garganta. Pero ahora, con otro enfoque, vi ese filtro y ese rostro y sonreí. Me dije: ¡Qué abuelo más atractivo voy a ser! ¡En todas esas arrugas va a haber miles de historias vividas!

Una vez, un maestro zen me preguntó cuál era el opuesto a la muerte. Yo le contesté, muy seguro, que era la vida. El maestro sonrió y me dijo que estaba equivocado. El opuesto a la muerte es el nacimiento, la vida no tiene opuestos, la vida es eterna y abraza a todas las dualidades. La vida es alfa y omega, la vida es todo. Y para que la vida sea, necesita del sensual baile de la muerte y el nacimiento.

Todos los días estamos naciendo y muriendo, son caras de la misma moneda; de hecho, lo hacemos segundo a segundo. Nuestro corazón bombea sangre en cada nuevo latido. Nuestros pulmones inhalan y exhalan oxígeno todo el tiempo. Las células mueren instante a instante y nacen a la misma velocidad. La muerte nunca deja de ocurrir. La muerte no es un destino, es el camino. La muerte es una constante. Por eso, el que niega a la muerte, también niega a la vida. El que se resiste a morir, también se está resistiendo a nacer y, por lo tanto, a vivir.

Hay personas que pueden pasarse toda la vida cuidándose de la muerte. Hay personas que se cuidan del amor, y por eso, no se enamoran. Hay personas que se cuidan de equivocarse, y por eso, no hacen nada nuevo. Hay personas que, por miedo a ahogarse, no se meten al agua. Pasan la vida cuidándose, y por eso, no viven. Y cuando llega el momento, cuando verdaderamente llega el instante donde el silencio absoluto te abraza para fundirte de nuevo con el todo... te das cuenta de que no viviste.

No vivir es la tragedia más grande que una persona puede generarse. Y cuando no vivís, te das cuenta de que el tiempo pasa rápido, muy rápido, extremadamente rápido. Se te escabulle como arena entre los dedos. Y es porque estás en piloto automático, como Michael.

La vida de un ser humano es muy grande, y cabe todo en esos años. A mí, no me gusta mucho el estoicismo, pero el filósofo Séneca tiene una bella frase: "La vida es larga si sabes cómo usarla". Prefiero reformular esta frase y decir: "La vida es larga si estás despierto."

Si estás despierto, una semana es mucho tiempo. Algunas personas se me acercan y me dicen: "¿No te parece que fue ayer que tenías 20 años?" Y la verdad es que no, no fue ayer, pasaron muchas, muchísimas cosas. Y eso que, hasta los 27 años, pasé gran parte del tiempo en piloto automático. Estos tres últimos años fueron realmente largos, extenuantes y divertidos. Pero, incluso mirando en retrospectiva, toda la última década fue inmensamente larga. ¡Pasaron un montón de cosas! La romantización de lo efímero no creo que sea sana. Si no podés observar la cantidad de acciones que hiciste en un día, es problema tuyo, y no de la impermanencia de la vida.

Veo a muchas personas sufrir por el paso del tiempo, por su velocidad y la sensación de no aprovecharlo. Creo que es importante plantear un posicionamiento distinto frente a esta fugacidad. Diez años, un semestre, un día, unas horas, es un montón de tiempo. Y no tiene que ser apreciado desde el dolor. Ese tiempo consumido es un tiempo bailado, es un tiempo que sucedió y que, ya sea dormido o despierto, fue parte necesaria e indivisible de tu esencia, por lo tanto, fue y es perfecta.

Ojo, antes yo no era así. Realmente creía que la vida se me iba, que diez años pasaban en un suspiro. Me atormentaba el paso del tiempo porque no vivía, porque estaba en piloto automático realizando objetivos que solo alimentaban al ego, y no a mi esencia. De vez en cuando, me despertaba y veía todo lo que había pasado y yo seguía sin seguir a mi verdad, a mi coherencia emocional.

Solo se sufre por el paso del tiempo cuando no se vive ese tiempo, de otra manera, el paso del tiempo es una fiesta, es el recuerdo de que nadie te quita lo bailado.

Por eso, desde hace unos años, abrazo a ese joven y combativo Fran al que le angustiaba el paso del tiempo. Lo consuelo, le seco las lágrimas, me le acerco y le susurro al oído que le espera una fiesta. Que, si se despierta, se va a dar cuenta de que ya está en esa fiesta, que le pertenece, que la fiesta es un don con el que él y todos hemos nacido. Esa fiesta está disponible en el momento en que aceptás que todo es perfecto, que la justicia de Dios es dar a cada uno lo que le corresponde, de que cada átomo se encuentra en su lugar y de que, incluso estar dormido fue parte necesaria de tu despertar.

Nadie puede saber cuándo llegará el final. A mí me gustaría vivir más de cien años, pero sé que voy a vivir el tiempo perfecto, porque perfecto es lo que es. Solamente tengo un deseo, un anhelo, un capricho para pedir al universo: que la muerte me encuentre vivo. Que la muerte me encuentre viviendo mi vida, y no la vida de otra persona. Que la vida me encuentre despierto, y no en piloto automático.

Todos estamos, de alguna u otra manera, despiertos en algunas áreas y en piloto automático en otras. Los colores absolutos no existen, somos todos distintas tonalidades de grises. De hecho, en algunas circunstancias, está bueno poner el piloto automático. Pero, de lo que sí estoy seguro, es de que quiero pasar la mayor parte de mi vida despierto, viviendo todo. Atravesando los procesos, los dolores y las risas, los entrenamientos y las pruebas, los descansos y las celebraciones. Quiero experimentar todo. Ya conocí la ausencia que genera estar en piloto automático, ahora intento, a veces con más éxitos y otras con no tantos, vivir mi vida conscientemente. Para mirar atrás y sonreír, sentir en mi corazón que fue una vida bien vivida. Y así, cuando llegue la muerte, la podré mirar a los ojos y darle un beso, abrazarla y decirle gracias, contarle que me voy en paz, agradecido y bendecido sabiendo que hice lo que pude, y que lo hice siendo quien soy.

La angustia desaparece cuando por fin te aceptás.

Te mando un abrazo.

Los profetas de la decisión

Nunca entendí la necesidad de explicar al amor. Me parece de muy mal gusto. No se puede definir a una emoción y, si se pudiera... ¿Qué es lo que querés? ¿Son sus ojos? ¿Su cuerpo? ¿El tono de voz? ¿Sus acciones? ¿Sus gustos? ¿Su billetera? ¿Cómo te trata? ¿Cómo trata a los demás? ¿Dónde está el amor? ¿En qué habitación de tu mansión se encuentra?

Hay muchos que piensan que el amor es algo tangible, algo material. Piensan que se encuentra en alguna góndola del supermercado. O sea, algo así como voy con el "changuito" pasando por las estanterías y me digo: Agarro algunos productos de ojos celestes de acá, otros de la góndola de la personalidad y los lácteos; ahora paso por la carnicería de su economía y listo, tengo el amor perfecto.

Pero no, el amor no funciona así, el amor sucede. El amor es uno de los grandes ejemplos del por qué no sos solamente tu consciencia, tu Yo racional, sino que sos más bien cuerpo, y al cuerpo le suceden cosas que, por supuesto, incluyen a la razón, pero esta es una pieza del ajedrez y no todas las piezas a la vez.

El Yo es superimportante en nuestra vida. Pero ¿qué debemos hacer con él? Destituirlo, derrocarlo, sacarlo de ese trono que no le corresponde, y ubicarlo en el lugar que tiene que estar. Vos sos mucho más que tu parte consciente, yo le llamo cuerpo y este integra a todo lo que te conforma.

Al cuerpo le suceden cosas, muchas, infinidad de cosas. Se podría decir que le sucede el universo mismo porque es una parte más del todo. Sólo hay aquí o allá si existe un observador que observe esas diferencias. Pero, ante el silencio eterno, ante la ausencia de observadores, el cuerpo es un elemento más del cosmos que no puede ser separado de su conjunto y que baila la danza ancestral de la mismísima totalidad.

El tema es que vos, con tu conciencia, no podés observar todos los sucesos y fenómenos que están operando de manera simultánea en tu ser. Creés caprichosamente que todo se reduce a tu saber, querés darle una respuesta a todo, pero la vida es inconmensurable, no cabe dentro de tu limitada razón.

Vos amás a alguien porque sí, porque sucede, porque hay algo que no sabés qué, pero está sucediendo al ver sus ojos, al recordar su aroma, al sentir sus labios. El "porque sí" es una expresión que carece de argumentos. El "porque sí" es preexistente a la razón. Te amo porque sí, porque lo siento, no me pregunto los motivos ni me interesan, sé que siento amor por vos, y eso debería bastar.

Al ser humano no le alcanza el "porque sí". De hecho, cuando una persona le pregunta a su pareja ¿Por qué me amás? y esta contesta con un "porque sí", la escena seguro termina en una discusión. Lamentablemente, si hacemos esta pregunta, sea cual sea la respuesta, va a ser incorrecta. No podemos elegir una variable, es imposible. En el mejor de los casos, podemos creer que esa variable es la que define, pero es solo una percepción sesgada del ego.

Las decisiones más importantes de tu vida no las decidís, suceden... ¿Acaso vos decidiste si te gustan las mujeres, los hombres o ambos? ¿Decidiste qué música es de tu agrado? ¿Decidiste cuándo perder la pasión por el trabajo? ¿Decidiste sentir que la carrera universitaria que elegiste ya no es tu favorita?

Pongamos de ejemplo al desamor... ¿Vos decidiste dejar de amar a tu pareja? ¿Cómo lo hiciste? Contame, me intriga. El desamor, como el amor, sucede. Podrás detectar el momento en el que tomaste conciencia de que ya no amabas a esa persona o el punto de inflexión que te llevó a terminar la relación. Ahí sí opera el teatro del reconocimiento del Yo, de la consciencia. Pero, en realidad, cuando la razón detecta una emoción, una certeza o una leve intuición de que algo anda pasando, solo descubre la punta del iceberg. Es incapaz de ver a toda esa montaña abismal de hielo que se esconde en la profundidad del mar.

El amor puede suceder en un instante preexistente a la razón. Sin embargo, en los procesos de desapego y de desilusión, el trabajo inconsciente es inmenso y de larga data. Pueden pasar meses de maltrato, años de malestar e incluso décadas en los que, momento a momento, se va trabajando dentro tuyo una sensación que no puede ser codificada en palabras, pero que va generando la semilla del desamor.

Cada maltrato, cada desilusión, cada silencio va forjando algo dentro tuyo hasta que, en algún momento, eso sale a la luz y la consciencia lo puede identificar. Y también puede ocurrir que el otro haga todo bien, y sea uno el que vaya cambiando, mutando, y lo que antes admiraba, ahora aborrezca.

Lo verdaderamente importante empieza, cuando ya tenés claro que el amor se fue. Pero, incluso en este punto, no entra la decisión del todopoderoso Yo. Porque una cosa es sentir, y otra cosa es hacer. Muchas personas llegan al punto donde el proceso interior emerge y se hace consciente el desamor, pero no pueden terminar la relación. No pueden: el terror, la culpa o la resistencia a aceptar el momento presente les imposibilitan decir "adiós".

El no poder es parte esencial del proceso de poder

El estoicismo mal interpretado y distintas corrientes literarias han establecido la dictadura del Yo. En ella, todo pasa por la decisión. Estás gordo porque querés estar gordo. No estudiás porque no querés estudiar. No dejás a tu pareja porque no querés dejarla. Si querés, bajás de peso. Si querés te ponés a estudiar. Si querés, terminás la relación y te dejás de joder.

Esta postura, además de ser falsa, es tremendamente cruel con el no poder. Estos "profetas de la decisión" caen en el sesgo del observador. Son como ese pescador que todos los días, durante más de veinte años, fue a pescar al mismo río con su red, que tenía orificios de diez centímetros. El pescador estaba convencido de que, en ese río, solo había peces mayores a diez centímetros. Estuvo durante veinte años pescando con el mismo resultado: peces de más de diez centímetros, nunca pescó ninguno de menor tamaño. Bajo su perspectiva es entendible su razonamiento. Su experiencia le indicaba su verdad. Nunca se le pasó por la cabeza pensar que solo pescaba peces de más de diez centímetros porque su red era de diez centímetros. En el río hay peces de todos los tamaños, solo que su red no le permitía pescarlos. Él sólo conoció la verdad de que con su red solo salían peces de más de diez centímetros. El observador se olvida del rol que tiene en la medición de los acontecimientos.

Así son los "profetas de la decisión". Se aferran a una visión limitada de la realidad. Su enfoque ignora las complejidades de la vida y la influencia de factores externos en nuestras experiencias y resultados. Al igual que el pescador que solo ve peces de más de diez centímetros debido a las limitaciones de su red, se aferran a una verdad parcial que solo ve la decisión, y no todo el largo y doloroso proceso de no poder que dio paso al poder.

Es crucial reconocer que nuestras decisiones y elecciones están entrelazadas con un entramado más amplio de circunstancias, contextos y fuerzas que escapan a nuestro control. No podemos olvidar la existencia del no poder, las limitaciones inherentes a la vida humana y las situaciones en las que nuestras opciones están restringidas.

En lugar de imponer una dictadura del Yo y culpabilizar a aquellos que no logran cambiar o cumplir con ciertas expectativas, podemos adoptar una postura compasiva y comprensiva. Me parece más interesante reconocer las barreras y los desafíos que enfrenta cada individuo, brindando apoyo y empatía, en lugar de juzgar desde una posición de supuesta superioridad. Además, el no poder es parte esencial del proceso de poder.

No es verdad que solo se trata de querer. Yo siempre quise bajar de peso, estuve desde los doce años queriendo, pero no podía. Intenté treinta veces y siempre fracasé. Yo quería, con todo mi corazón, bajar de peso, pero no lo lograba. Con el tiempo, entendí que esos fracasos eran parte del proceso de poder. Cada fallo, cada intento, cada dolor, cada miedo, era una parte inevitable de mi vida y me ayudó a ser la persona que soy hoy.

Por eso, me parece muy cruel decirle a alguien que no puede, que es su culpa. No, no es tu culpa no poder dejar a tu pareja, no es tu culpa no bajar de peso, no es tu culpa no haber aprobado el examen, no es tu culpa no poder olvidar a esa persona. No estás pudiendo en este momento... No quiere decir que no vas a poder en un futuro. Lo que ocurre es que todavía el proceso interior no está lo suficientemente maduro, todavía está verde, le falta un poco más.

Y sé que querés que esta vez sea la última, que por fin inicies el camino del no retorno. Pero no te quiero mentir, no te puedo prometer eso, sería manipularte y jugar con tus sentimientos. Lo mejor que puedo decirte es que la justicia de Dios es dar a cada uno lo que le corresponde, es entender que cada átomo está en el lugar que tiene que estar, que no es necesario pedirle nada al universo, ni siquiera justicia.

Estás viviendo lo que tenés que vivir, porque para el universo, no existen las distancias, ni el tiempo, ni el ayer ni el futuro, todo es y, por eso, lo que ves como problema, en realidad, es tu maestría de vida, son los exámenes que inevitablemente tenés que afrontar.

No existen las segundas oportunidades, solo existe este momento y el siguiente momento. No hay nada de malo en no aprovechar esa oportunidad, porque ese no poder, ese no aprovechar, es parte inevitable de tu vida, de tu sabiduría. Lo único que tenés que hacer es ser quien sos, en completa honestidad con tu coherencia emocional. Y, a veces, la coherencia emocional te pide que aguantes un poquito más, que lo intentes otras veces para poder dar finalmente el paso. Los "profetas de la decisión" te van a señalar con el dedo, te van a criticar, te van a decir que no querés cambiar, pero yo te vengo a abrazar, te vengo a secar las lágrimas y a decirte que hay esperanza en vos. Que no te culpes por no poder, porque este momento es el paso que tenés que vivir. Te vengo a decir que sos perfecto, así como sos, que tu imperfección es perfecta, que esos "no puedo", aunque te duelan, también son perfectos.

Solo quiero que te aceptes, que te abraces, que entiendas que ese no poder es bello... Porque bello o bella sos vos. Todos quisiéramos evitar los "no puedo", de hecho, mientras estoy escribiendo esto, estoy viviendo una subida de peso que, por fortuna, no sufro. Ojo, me gustaría no tenerla, pero entiendo que es el examen que tengo que pasar porque, de la cuna a la tumba, todo es una escuela, todo es una enseñanza.

Cuando por fin abrazamos el "no puedo", podemos salir de la resignación y empezar a trabajar, a ocuparnos. La aceptación del momento presente opera en el momento presente (como su nombre lo indica) y la resignación opera en la situación de vida.

La rendición es algo bello, la resignación es algo cruel. La rendición deja de lado la resistencia a aceptar lo que estamos viviendo, nos libera de la pesada mochila del ego para poder ver las cosas como son y abrazar a esa totalidad. Y esa totalidad, en este momento, se expresa en no poder. Ocupate de tu no poder, abrazalo, aprendé de él, y no lo niegues porque sería a negarte a vos.

Quiero que entiendas algo: No hay nada de malo en no poder. Es lo que tenés que vivir ahora, y punto. Te viene a enseñar, es una bendición, aunque te cueste verlo de esta manera. Recordá que sos cuerpo, y al cuerpo le pasan cosas, pero dentro tuyo se está gestando, con esos no poder, el camino al poder.

Sería lindo que abracemos la complejidad de la existencia y honremos la diversidad de experiencias que cada persona está enfrentando. En ese espacio de comprensión, podremos encontrar la humildad necesaria para navegar por las aguas de la vida, reconociendo que nuestras redes pueden ser estrechas, como de diez centímetros, y que el río de la existencia alberga una abundancia de posibilidades más allá de nuestra visión limitada.

Los "profetas de la decisión" son personas que han sufrido mucho y que se aferran a ese instante minúsculo, en relación con todo el tiempo que pasaron no pudiendo, para no sufrir. No los juzgo, cada persona hace lo que puede. Ellos pescan con la red de diez centímetros y quieren lo mejor para los demás, pero no pueden ver la inmensa ingeniería subterránea que se necesita para que, en un momento, la decisión se pueda tomar y sostener en el tiempo.

Creo que todos hemos sido, en algún momento (o seguimos siendo), en alguna área de nuestra vida, uno de esos "profetas de la decisión". Y es porque está muy arraigada en nuestra identidad la idea de ser solamente consciencia. Creer que todo lo que hacemos opera desde el plano de la razón genera mucho sufrimiento innecesario. Cada vez que te apartes del momento presente lo vas a estar generando.

En cambio, si abrazás a tu totalidad, a lo que realmente sos, incluso en el no poder, vas a sentir una extraña calma que te cobija y consuela. Insisto en la premisa madre de este libro: tu coherencia emocional es tu regalo al mundo y a vos mismo. Este mundo veloz te pide que te apartes de él, que lo niegues, y es así como te vas causando daño. Pero, si cambiás de percepción abandonando esta premisa de que el Yo todo lo puede y todo lo decide, vas a sentir la paz que siempre estuvo en vos.

Para sanar es necesario dejar de apartarnos de nuestra esencia, de quien en verdad somos. No hay nada más simple que ser quien sos. El perdón es la liberación de todas esas creencias que te hacían juzgar y rechazar a lo que es. Te perdonás por haber juzgado tus "no puedo" que, en otras palabras, también significa pedir perdón al universo o a Dios por haber juzgado sus tiempos, que son eternos y perfectos, porque la perfección es todo lo que es.

Ya está, ya pasó. Ahora sos una persona completa otra vez, y eso es lo que importa. Tu pasado ya no es una carga, sino un testimonio de tu perfección. Ahora tus "no puedo" son livianos y dulces porque están preparando el terreno para lo que viene. Nadie tiene el poder de juzgarte, solo es uno mismo el que se juzga en los demás, pero cuando sientas que el no poder es bello, todos esos dichos perderán su efecto, ya que entenderás que sin ellos no podrías sin siquiera existir.

Que el despertar de la compasión y la aceptación con uno y con los demás nos guíe hacia una comprensión más profunda de la interconexión de todas las cosas, y que encontremos la sabiduría para reconocer la complejidad inherente a las decisiones y a los caminos de cada individuo en este vasto universo.

Sos mucho más que tu Yo, sos el mismísimo todo.

Te mando un abrazo.

CAPÍTULO III

El milagro y la ilusión del pecado

La Biblia es mi libro favorito. A pesar de ser ateo, me encanta. Me genera fascinación la inmensidad de páginas que tiene y el poder encontrar, en cada una de ellas, una historia, una parábola, una reflexión. Se podría hacer toda una Biblia con reflexiones de la Biblia.

Jesús fue una de las personas más importantes y revolucionarias de la historia. Fue, sin lugar a duda, un desvergonzado, un atorrante, un maestro de maestros. Se reunía con todo lo criticado de la sociedad, con los expulsados y marginados. Se acercaba a los pecadores, prostitutas y leprosos para decirles que el reino de los cielos se hallaba en sus corazones. Hasta fue crucificado en medio de dos ladrones. En el Nuevo Testamento, hay tantas historias bellas de este buen hombre que me emociono tan solo al recordarlas.

Hay una historia realmente bella, pero que nunca la había escuchado. No es muy popular, pero tiene una profunda enseñanza. Me la crucé, sin querer, leyendo el evangelio de mi apóstol preferido, Mateo. En este relato, Jesús se encuentra en Capernaum, un poblado pesquero de Galilea, donde una multitud se ha reunido para escuchar sus enseñanzas. En ese contexto, se le acercan unos hombres que llevan a un paralítico postrado en una camilla. Buscan la ayuda y sanación de Jesús para su amigo.

Sin embargo, en lugar de sanarlo de inmediato, como hizo con varias personas antes, Jesús sorprende a todos al decirle al paralítico: Ten ánimo, hijo; tus pecados te son perdonados (Mateo 9:2). Esta declaración sorprende a los escribas presentes, ya que solo Dios tiene el poder de perdonar pecados. Y dicen: ¡Qué manera de burlarse de Dios! (Mateo 9:3). Jesús, al darse cuenta de la incredulidad de los escribas, les pregunta: ¿Por qué piensan mal? ¿Qué es más fácil, decir: "Tus pecados te son perdonados", o decir: "Levántate y anda"? (Mateo 9:5). Y luego agrega: Sepan, pues, que el Hijo del Hombre tiene autoridad en la tierra para perdonar pecados. Entonces dijo al paralítico: Levántate, toma tu camilla y vete a tu casa (Mateo 9:6). En ese preciso instante, el paralítico ya sanado, se pone de pie. La gente, al ver esto, quedó muy impresionada y alabó a Dios por haber dado tal poder a los hombres (Mateo 9:8).

Uff... ¡Tenemos tanto para desglosar de este breve relato! Para entenderlo, tenemos que entrar en un mensaje anterior, tan antiguo, que su enseñanza aparece en las primeras hojas del Antiguo Testamento y su influencia marcó un antes y un después en la cosmovisión de casi toda la humanidad.

Este capítulo será largo, te recomiendo que lo releas varias veces, con intervalos de semanas o meses. Que lo subrayes con un color y, en la siguiente lectura, con otro. Escribile reflexiones con lapicera en los márgenes, sacale todo el jugo. A diferencia de los demás capítulos, que son reflexiones que aportan mensajes para tomar consciencia, en este, además, se agregan términos.

Como dije en la introducción de este libro, un cuento te relaja, una teoría te tensiona. Las religiones lograron un punto intermedio. Dentro de alegorías y fábulas, contienen marcos teóricos robustos en los que los cuentos pueden ser leídos en varios niveles de profundidad. Por eso, recurriremos, en varias ocasiones, a los relatos de estas estructuras para ejemplificar y facilitar la transmisión del mensaje.

Recordá, en todo momento, que no pertenezco a ningún credo ni religión, me identifico con el término ateo. Siento que afuera no hay nada y que todo átomo pertenece al todo, al mismo universo. Siento que hay una unidad de todas las cosas, que no hay diferencias entre aquí o allá. Todos somos parte del gran silencio, de la ausencia de significados, del sinsentido. Percibo a todo como una unidad.

En un mundo dividido por fronteras y por valores, supone todo un desafío comprender la unidad de todas las cosas. Muchas personas no entienden cómo a un ateo le puede gustar Jesús o Buda. Ni que me haya reunido con el Papa Francisco o que tenga de amigos a rabinos, yoguistas o curas. Y atención: mi abrazo a lo diferente no se limita a lo espiritual, también tengo amistades de todas las corrientes políticas y de gustos varios. Supongo que el hecho de haber sido incomprendido y juzgado desde temprana edad me posibilitó encontrar la belleza en lo diferente. Aceptando a los demás, inconscientemente también acepto a ese niño Fran que era rechazado por ser distinto. Por eso, insisto en que el dolor que sufrí fue perfecto y necesario para llegar a tener esta postura de vida que disfruto y difundo con tanto entusiasmo.

Recibo muchos mensajes de personas confundidas; no entienden cómo es que no creo en nada y disfruto tanto de Jesús. Algunos incluso me interpelan: Tenés que decidirte, o estás con Dios o estás contra él. Desde mi forma de ser, la mejor forma de

honrar a Dios es negarlo, es abrazar a todo lo que ocurre como es, y sentir que uno es parte de esa totalidad. Yo entiendo esa confusión, incluso el malestar que genera mi supuesta contradicción. Lo que pasa es que es contradicción si operás dentro del teatro de la dualidad. Pero, si entendés que todo forma parte del todo, bajás las barreras que creaste, para poder disfrutar, apreciar y aprender de todo y de todos, y más aún de lo diferente.

Siento, en este momento particular de mi vida, que afuera no hay nada, razón por la cual me reconozco como ateo. Quizás, en otra etapa, pueda cambiar de opinión, pero hoy abrazo la creencia de que no hay un ente rector, ni alma, ni paraíso, ni infierno ni nada.

Creo que somos universo y que todo átomo es parte indivisible del mismo universo. Nosotros y todo formamos parte de la totalidad. Por eso, no existe aquí o allá ni pasado ni futuro, todo simplemente es.

El sufista afgano Rumi lo explica con una belleza sublime: "¿Qué puedo hacer, hermanos musulmanes? No me reconozco a mí mismo. No soy hindú, budista, sufí ni zen. No soy cristiano ni judío, ni parsí, ni musulmán. No pertenezco a ninguna espiritualidad o sistema cultural. No soy del este ni del oeste, ni de la tierra ni del mar. Mi lugar es el sin lugar, mi señal es la sin señal. No tengo cuerpo ni alma, pues pertenezco al Amado. He desechado la dualidad, he visto que los dos mundos son uno; uno busco, uno conozco, uno veo, uno llamo. Y ese Uno llama y sabe. Primero, último, externo, interno."

Por todo esto, siento que en ningún lugar estoy perdido, todas las casas son mi hogar, todas las historias son también mis historias. Y las religiones tienen bellas historias, y hermosas enseñanzas que parecieran ser propiedad privada de los creyentes y no se esparcen por toda la humanidad. No voy a dejar que las enseñanzas espirituales se queden sólo en las personas que creen en el espíritu, son demasiado inmensas para que no las disfrute cada uno que las esté necesitando.

Re-significar lo aprendido

Volviendo a la historia contada por Mateo, es interesante destacar que esta no es una parábola, es un milagro o, mejor dicho, una descripción de un milagro que hizo Jesús. Para *Un curso de milagros*, el concepto de "milagro" significa "deshacer la ilusión de la separación". Es decir, el milagro es una corrección de la percepción que deshace el juicio que estamos haciendo de la perfección de Dios, de la perfección del universo.

Todo es perfecto, por lo tanto, si juzgamos lo que nos pasa, estamos juzgando también a Dios. Facundo Cabral en sus monólogos decía: San Agustín aconsejaba: "Solo pide justicia, pero sería mejor que no pidieras nada, o, dicho de otra manera, no interrumpas con tu pequeña cabeza la grandiosa tarea del Señor."

El tema es que los seres humanos hemos salido del jardín del Edén por comer el fruto del árbol del bien y del mal (también conocido como árbol del conocimiento total). Quiere decir que hemos partido al universo en dos, en bueno y malo, en frío o calor, en hambre o saciedad. Al salir de la unidad entramos en la dualidad. Solo los dioses, si es que existen, pueden saber qué está bien y qué está mal. "En el Génesis, Dios le advierte a Adán: No comerás del árbol de la ciencia del bien y del mal. El día que comas de él, ten la seguridad de que morirás (Génesis 2:17). Después la serpiente previene a la primera pareja humana: No es cierto que morirán. Es que Dios sabe muy bien que el día en que coman del fruto, se les abrirán a ustedes los ojos: entonces ustedes serán como dioses y conocerán lo que es bueno y lo que no lo es." (Génesis 3:4-5)

Es muy interesante observar lo que pasa después de comer el fruto del árbol del conocimiento del bien y del mal. El Génesis 3:6 dice: Tomó de su fruto y se lo comió y le dio también a su marido que andaba con ella, quien también lo comió. Ahora presten atención a la siguiente oración, que es fundamental para entender todo. El Génesis 3:7 dice: Entonces se les abrieron los ojos y ambos se dieron cuenta de que estaban desnudos.

¡Es tremendo! Lo primero que pasó al entrar en la dualidad fue tomar consciencia de su desnudez. Antes también andaban sin ropa, de hecho, el Génesis 2:25 dice: Los dos estaban desnudos, hombre y mujer, pero no sentían vergüenza.

Es de destacar que, en la cultura hebrea antigua, la desnudez representa indefensión. Se consideraba un estado de vulnerabilidad y exposición física que implicaba una falta de protección y de defensa. En el Antiguo Testamento se hacen varias referencias a la desnudez como expresión de vulnerabilidad. (Isaías 47:3 y Jeremías 13:26) En ellas, la desnudez se utiliza como una metáfora de la vergüenza, la exposición de los pecados y la falta de protección divina.

Lo primero que ocurre al juzgar al universo, tras entrar en la dualidad, y después de comer del fruto del árbol del bien y del mal, es tomar consciencia de su desnudez y considerarla algo malo (por eso, sintieron vergüenza). Y claro, si existe la dualidad, existe la muerte y el dolor. La advertencia de Dios era real, ahora Adán y Eva son conscientes de la muerte y del nacimiento. Ahora son vulnerables porque pueden perder. Antes estaban desnudos, pero no había problema, eran parte del Edén, eran uno con el Edén, no había nada por juzgar o separar, eran el todo, con todo lo que eso conlleva. Pero ahora tienen la sensación de estar en falta, por eso, fueron a hacerse taparrabos para cubrir sus vergüenzas y no sentirse tan inseguros... Y al oír que Dios paseaba por el jardín, Adán y Eva se escondieron entre los árboles para que Dios no los viera (Génesis 3:8).

Así, Dios descubrió que lo habían desobedecido. Presten atención a esta conversación entre Adán y Dios: He oído tu voz en el jardín, y tuve miedo porque estoy desnudo, por eso, me escondí (Génesis 3:10). ¿Quién te ha hecho ver que estabas desnudo? ¿Has comido acaso del árbol que te prohibí? (Génesis 3:11).

El miedo y la vergüenza fueron las señales que permitieron a Dios darse cuenta de que Adán ya no era parte del Edén, de que ahora se creía un dios para juzgar lo que ocurre. El miedo no puede existir si sabés que todo lo que vas a vivir es lo que tenés que vivir. La vergüenza no puede existir si sabés que sos parte de todo.

Es muy curioso lo siguiente. Dios decide castigarlos. Desde que comieron el fruto, todo es interpretado desde la dualidad, por lo que el concepto de castigo tiene una doble interpretación... Presten mucha atención a los tres castigos. A la serpiente le dice: Te arrastrarás sobre tu vientre y comerás tierra por todos los días de tu vida (Génesis 3:14). A la mujer, multiplicaré tus sufrimientos en los embarazos y darás a luz a tus hijos con dolor (Génesis 3:16), y al varón: Con la fatiga sacarás de la tierra el alimento por todos los días de tu vida (Génesis 3:17) y con el sudor de tu frente comerás tu pan hasta que vuelvas a la tierra, pues de ella fuiste sacado. Sepas que eres polvo y al polvo volverás (Génesis 3:19).

Desde la consciencia de la separación, es decir, al discriminar el bien del mal y juzgar, podemos ver al castigo como un hecho traumático de venganza divina. Pero, si lo interpretamos desde una perspectiva de consciencia de unidad, de no juzgar, podemos observar que antes, en el Edén, también sucedían esas situaciones. La serpiente no era un mamut, era una serpiente, la palabra misma te lo dice: serpentea, se arrastra, no tiene extremidades. Era una serpiente antes y después del castigo.

El castigo de la mujer es que le va a doler el parto. La mujer es un mamífero, y a todos los mamíferos les duele el parto porque la venida de una nueva descendencia al mundo genera dolor. No importa de qué raza seas, a los gatitos, perritos, ciervos o leones les causa dolor esa situación. Y lo mismo en el caso del varón. Todos los animales emplean un esfuerzo para adquirir su alimento. Ya sea cazar, recolectar o trasladarse requiere de energía.

El tema es que ahora juzgamos y separamos a lo que es en bueno o malo y, por lo tanto, sufrimos. En efecto, no quisiéramos que el parto doliera y nos molesta que nos cueste energía conseguir nuestros alimentos. La serpiente es la única que no se queja de no tener extremidades, simplemente vive unida al universo porque no tiene la capacidad de juzgar lo que vive.

Por eso, insisto tanto en no juzgar al universo. Cuanto más conectado estés con la consciencia de unidad, mayor será tu nivel de paz. Algunos consideran a la aceptación como sinónimo de resignación, no obstante, son conceptos enormemente diferentes. La aceptación es reconocer el hecho de que todo pasa como tiene que pasar. Ahora, con eso que pasa, se puede vivir, podemos ocuparnos y cambiar nuestras vivencias. Reconocer a todo lo que pasa como perfecto te libera de la pesada mochila de la culpa y el deber ser; te permite vivir en presencia y lograr todo lo que esté a tu alcance.

¿Cómo termina la historia? Dios echó a Adán y a Eva del paraíso con una frase más que interesante: Ahora el hombre es como uno de nosotros, pues se ha hecho juez de lo bueno y lo malo. Que no vaya también a extender su mano y tomar del árbol de la vida, pues viviría para siempre (Génesis 3:22).

Comer del fruto del árbol del conocimiento del bien y del mal es el pecado original, es la causa de la desconexión íntima con la presencia divina y la entrada a un estado de separación y sufrimiento.

Dios no quiere que el ser humano acceda al árbol de la vida, que era el otro árbol que se menciona en el Génesis (2:9) y viva eternamente en su estado caído y separado de Dios. En lugar de eso, decide expulsar a Adán y a Eva del Edén para evitar que coman del árbol de la vida y prolonguen su existencia en ese estado de pecado y de inconsciencia.

El relato del Génesis es genial, es una obra maestra, y lo que más me asombra es su antigüedad. Se escribió en el exilio babilónico en el siglo VI a. C. y, gracias a la tradición oral, su origen se pudo haber remontado a muchos siglos antes.

El simbolismo de elegir comer del fruto es tremendo, y quizás nunca te diste cuenta. Los romanos se jactaban de sus leyes y los griegos de su filosofía, pero ambos creían en el destino, ninguna persona podía liberarse de él. En cambio, los judíos, cristianos y musulmanes han aprendido y contienen en sus textos sagrados al relato de Adán y Eva, y reconocen al libre albedrío como una condición inherente al ser humano.

Nosotros elegimos comer del fruto del árbol del conocimiento del bien y del mal. Fuimos los que iniciamos la separación con la espiritualidad. Somos los que hemos emprendido el viaje hacia fuera del todo. Así como elegimos comer, también podemos elegir vomitar ese fruto. Volver a la unidad es una posibilidad.

Seguramente has escuchado alguna vez que "Jesús vino a librarnos del pecado original". A mí me decían que era por haber comido la manzana y por haber desobedecido a Dios. Nunca entendí muy bien qué era el pecado original y por qué un tipo clavado en una cruz podía salvarnos a todos de eso.

Con todo lo dicho, ahora podemos dar un poco de sustancia a esa frase trillada. El pecado original es comer el fruto del árbol del bien y del mal, es decir, juzgar al universo, romper la unidad del sinsentido, del silencio eterno, para dividirlo en dualidades, en polaridades.

Acá hay una verdad difícil de entender: los pecados son todos iguales, no hay en ellos grados ni niveles. El libro UCDM (Un curso de milagros) advierte que los milagros tampoco tienen grados ni niveles, son todos iguales. Todo pecado es simplemente juzgar al universo, juzgar a lo que es. El pecado es entendido como un error de percepción que proviene de la creencia de la separación con Dios (yo prefiero llamarle universo) y de la identificación con el ego.

El Curso (UCDM) enseña que todos los pecados son ilusorios y carecen de verdadero poder o realidad. Todos son iguales, simples manifestaciones de la misma ilusión, basadas en la falsa idea de que estamos separados de nuestra verdadera naturaleza y del amor divino. No se hace distinción entre pecados mayores o menores, todos son igualmente irreales y perdonables.

Si el pecado es una distorsión causada por juzgar, el milagro se define como un cambio de percepción que ocurre en la mente para corregir esa distorsión. Se considera un cambio de pensamiento que nos libera de la ilusión de separación y nos conecta con nuestra verdadera naturaleza amorosa y divina.

El milagro es el resultado de elegir ver más allá de las apariencias y reconocer la unicidad y la interconexión de todas las cosas. Es un recordatorio de nuestra capacidad de elegir el amor, en lugar del miedo, y de que somos cocreadores de nuestra experiencia en este mundo. Los milagros no se limitan a eventos sobrenaturales, sino que son cambios internos que transforman nuestra percepción y nos llevan a experimentar la paz y la unidad. Un milagro es simplemente una corrección de la mente, un cambio de mentalidad (palabra que está tan de moda) que nos libera de la ilusión del ego y nos conecta con la verdad y el amor.

Los milagros no se limitan a eventos sobrenaturales o extraordinarios, ocurren todo el tiempo en la vida cotidiana. Cada vez que juzgás a un hermano, a vos mismo, a tu pasado o a un acontecimiento, aparece el pecado, que es la resistencia para aceptar lo que es. Cada vez que elegimos el perdón, la compasión, la paz y la aceptación, estamos facilitando un milagro en nuestra experiencia personal. El milagro deshace la ilusión de separación del pecado, te permite ver que todo es parte de todo.

Cuando juzgás a tu pasado, estás en pecado. Cuando ves a tu pasado como una enseñanza inevitable de vivir, adquirís una mentalidad milagrosa. Cuando te quejás de que algo malo te está pasando, estás en pecado. Cuando sentís que esa experiencia dolorosa te vino a enseñar, estás experimentando un milagro. Por eso, todos los pecados y todos los milagros son iguales e interdependientes, uno aleja, el otro une.

Por eso, la frase "Jesús vino a liberarnos del pecado original" significa que el milagro de la cruz se expresa en su decisión inquebrantable de no juzgar la enorme violencia de la humanidad que cargó en su pasión. Jesús sabía todo lo que iba a pasar. Todo. Sabía lo de Judas: Y mientras comían les dijo: "En verdad les digo, uno de ustedes me va a traicionar" (Mateo 25:22). El traidor les había dado esta señal: "Al que yo dé un beso, ése es, arréstenlo". Se fue directamente donde Jesús y le dijo: "Buenas noches, maestro". Y le dio un beso. Jesús le dijo: "Amigo, haz lo que vienes a hacer". Entonces se acercaron a Jesús y lo arrestaron (Mateo 26: 48-50).

Jesús acepta su misión con mentalidad milagrosa porque sabe que, de esa forma, va a salvar a la humanidad del pecado original. Lo interesante del relato de Jesús es que, teniendo todo el poder de ser el hijo de Dios, no lo utilizó y, de esa manera, no se alejó de su plan. Cuando los soldados romanos lo fueron a buscar, Jesús les dijo: "Yo soy" y los soldados retrocedieron y cayeron al suelo (Juan 18:6). El Yo Soy es la completa aceptación de la totalidad del universo como uno, y los soldados romanos que representan el pecado de la separación, al escucharlo, retroceden y caen al suelo.

En ese momento, el apóstol Pedro saca su espada para defender a Jesús (resistencia a aceptar el plan divino) y Jesús le dice: Coloca la espada en su lugar. ¿Acaso no voy a beber la copa que el Padre me ha dado? (Juan 18:11). Y le hace saber que él acepta todo lo que va a pasar porque ese es el plan divino. De hecho, en las escrituras de Mateo, se cuenta de una manera más explícita su firme decisión de no usar su poder divino: ¿No sabes que podría invocar a mi Padre y él, al momento, me mandaría más de doce ejércitos de ángeles? Pero así había de suceder, y tienen que cumplirse las Escrituras (Mateo 26: 53-54).

Jesús va más allá. Hasta le dice a Pedro, su más fiel apóstol, que lo va a negar tres veces: Jesús le explicó: "yo te aseguro que esta misma noche, antes de que cante el gallo, me habrás negado tres veces". Pedro insistió: "Aunque tenga que morir contigo, jamás te negaré" (Mateo 25: 34-35). Y, dicho y hecho, Pedro por miedo, tres veces niega conocerlo.

Jesús sufre en su pasión, es azotado, golpeado, humillado, le clavan una corona de espinas, tiene que cargar su cruz, es colgado y clavado en ella. Él siguió a su coherencia emocional, pero le dolió, él era un ser humano. Todas esas humillaciones fueron dolorosas; tanto que, en la cruz, gritando, llegó a decir: Dios mío, Dios mío, ¿por qué me has abandonado? (Mateo 27: 46), demostrando así su completa humanidad ante semejante dolor.

Mientras lo crucifican junto a dos malhechores, Jesús decía: "Padre, perdónalos, porque no saben lo que hacen". Los jefes se burlaban diciendo: "Si salvó a otros, que se salve a sí mismo, ya que es el elegido". También los soldados se burlaban. Le ofrecieron vino agridulce diciendo: "Si tú eres el rey de los judíos, sálvate a ti mismo" (Lucas 23: 34-36). Pero Jesús ya estaba salvado, siempre lo estuvo. Porque la salvación solo es necesaria para el que se encuentra en el mar, pero el que percibe a cada átomo del universo como un puerto, no tiene la necesidad de ser salvado. Jesús salvaba a los pecadores de su sufrimiento con la palabra, enseñó que el reino de los cielos les pertenece, que todo átomo es un puerto. Jesús entendió que no juzgar es la llave para regresar al jardín del Edén, al vacío, a la unidad, al todo. Y que, en realidad, no es necesario ni siquiera regresar porque no se puede regresar ni irse de la totalidad, sólo es necesario tomar consciencia gracias a una mentalidad milagrosa.

Su último instante vivo fue muy significativo: Jesús probó el vino y dijo: "todo está cumplido". Después inclinó la cabeza y entregó el espíritu (Juan 19:30). Increíble, ¿no? Todo está cumplido, entendiendo que su verdad, su misión, se cumplió a la perfección. Murió para salvarnos, salvarnos del pecado original... ¿Y cuál era el pecado? Lo repito para que te quede grabado: Juzgar. Jesús anuló el juicio de sus asesinos, no los juzgó, soportó todo pudiendo evitarlo porque vino a dar un mensaje vivo de que la inconsciencia más salvaje no puede doblegar a una persona que entiende que somos uno.

El milagro de la cruz es el ilógico pensamiento de Jesús. Nadie, en su sano juicio, aceptaría todo lo que vivió, y más siendo todopoderoso para calmar el sufrimiento en un instante. Jesús no claudicó. En el momento de más dolor, cuando lo estaban crucificando, cuando sus carnes eran perforadas por clavos, en el dolor más intenso de su pasión, Jesús dijo la frase más milagrosa de todas: Padre, perdónalos, porque no saben lo que hacen.

Para mí este es el verdadero milagro de la cruz: un ser humano que, ante el mayor de los tormentos, no claudicó y educó con su ejemplo; entendió que nadie puede estar donde Dios (universo) no lo ubicó y reconoce la perfección en todo. La crucifixión fue el último intento desesperado del ego para demostrar la no santidad de Jesús. Pero él superó la prueba pidiendo perdón para sus asesinos y aceptando cada paso.

Jesús en Capernaum

Ufff, ¡cuánto hemos hablado y todavía no hemos ni mencionado el milagro de Capernaum! Para entenderlo era necesario aclarar quién era Jesús, qué es el pecado y qué es el milagro. Ahora, con estas terminologías incorporadas, vas a poder volver a leer la Biblia con un prisma diferente, con unos lentes distintos que muestran mi verdad, que es subjetiva y es una mera interpretación de la Biblia que hago y que me genera mucha paz. Aunque, probablemente, choque con muchos mandatos y fundamentos teológicos. Pero bueno, yo no vengo a repetir, a agradar. Vengo a sanar, mediante la palabra, vengo a contarte el secreto más importante que descubrí y que tanta dicha me trajo: podemos volver al jardín del Edén, solo tenemos que dejar de juzgar a lo que es.

Ya, con todo lo dicho, podemos observar el verdadero poder de Jesús: la mentalidad milagrosa. ¡A todo momento nos está enseñando el camino y es dejar de juzgar! Tan sencillo como desafiante. En todo el relato que hace el Nuevo Testamento se enseña lo mismo: la llave es no juzgar.

El milagro de Capernaum es muy importante y simple a la vez y, justamente, esa simpleza es lo que lo hace importante, ya que lo más simple es lo más profundo. Desde mi perspectiva, Jesús no era una persona con poderes sobrenaturales, no hacía magia. La maestría de Jesús radica en la profunda consciencia de su condición real. Él sabía bien que era parte del reino de Dios y que todos somos parte de él. El Yo Soy significa entender que uno es lo que es, ni más ni menos; se es en totalidad, aceptando nuestras luces y sombras, ya que estas son perfectas porque perfecto es Dios y todo es Dios.

Jesús era un Buda. La palabra Buda viene del sánscrito y significa "el despierto", y Jesús estaba realmente despierto. Estaba tan despierto que una palabra de él bastaba para sanar a cualquier corazón herido. Jesús vivía siguiendo su coherencia emocional, entendiendo que su mayor regalo al mundo es ser quien uno es, ni más ni menos. Solo enseñaba que vos sos perfecto porque perfecto es todo y sanaba con esta verdad porque todos vivimos anclados en las culpas del pasado y la no aceptación de lo que uno es en el momento presente que, en definitiva, es estar separados, expulsados del Edén. Encontrar la unidad en todas las cosas te transforma en Buda, en un Jesús.

Adonde iba generaba fascinación. Los humildes lo amaban, los que sufrían lo buscaban y los estudiosos de la ley sagrada lo aborrecían. Él vivía acorde a su esencia, y su esencia era divina porque reconocía la perfección de todo. El Génesis (1: 27) dice: Y creó Dios al hombre a su imagen y semejanza, y Jesús sabía mucho de esto. Entendía que en cada uno de nosotros se esconde nuestra esencia divina, nuestra perfección. Por eso, no entendía ni aceptaba el pecado, ni la concepción del error, ni el sufrimiento de sus hermanos.

El milagro, recordemos, es deshacer la ilusión de la separación, anular los juicios de lo que es, aceptar al momento como perfecto y la unión de todas las cosas[1]. Jesús sanaba con su palabra, con la imposición de sus manos, sus oraciones, el contacto físico y el reconocimiento de la fe de la persona que buscaba ayuda. Vivía y enseñaba lo que sentía que era su verdad.

---

1. Sé que soy repetitivo, pero es necesario repetir para afianzar una y otra vez la idea en tu ser.

En la Biblia, hay muchos ejemplos de los milagros que generó, te invito a leerlos. Yo me voy a detener en tan solo uno, pero creéme que hay muchos. Este es muy particular, aunque, igual a los demás, casi ni se menciona y, por eso, me llama la atención. Releamos: Allí le llevaron a un paralítico, tendido en una camilla (Mateo 9:2).

Hay que interpretar, no todo es en el sentido literal. En este caso, le llevan a Jesús a un paralítico tendido en una camilla. Un paralítico es una persona que no se puede mover, que está inmovilizada. Sus amigos lo traen, ellos sí pueden caminar, pero su amigo no; está en esa camilla, que es su prisión. La parálisis física es una consecuencia de una parálisis mucho más profunda: la de su corazón.

El paralítico es una representación alegórica de todos nosotros cuando nos sentimos atrapados en pensamientos negativos, heridas emocionales y cargamos la pesada mochila de la culpa por lo hecho o por lo no hecho. Esa mochila se va cargando poco a poco, piedra a piedra, con nuestras culpas y pecados (no aceptación del momento presente). Hay algunas personas que llegan al extremo de no poder moverse, de quedarse paralizadas por toda esa carga que soportan.

Yo creo que todos, en algún momento, hemos estado paralizados por la culpa, por las creencias limitantes. Ocurre cuando nos vamos del Edén, del momento presente. Nos anclamos en el pasado, en lo que fue, cargando nuestra vida con remordimiento y autocrítica. Nos atamos a esa acción que hemos generado y no nos permite avanzar ni aprender de lo vivido.

Es como si nos quedáramos congelados en una etapa o situación que no nos permite fluir. La culpa es un sentimiento autodestructivo que nos mantiene atrapados en una mentalidad de separación y autojuicio. Nos condenamos a nosotros mismos por nuestras acciones pasadas, creyendo que somos inherentemente malos o indignos de amor y perdón, sin entender que cada error es parte inevitable de la vida que contiene una valiosa enseñanza.

El posicionamiento de milagro y pecado se aplica a todas las situaciones de la vida, a todas. Por eso, en mis redes sociales, hablo de todos los temas. Si prestás atención, cada mensaje lleva implícito una postura de abrazar al milagro y liberarnos del pecado de juzgar o juzgarnos. En todas las acciones podemos abrazar al momento presente o negarnos, hasta llegar al punto de quedar paralizados. La diferencia radica en la percepción que tengamos de lo que sucede.

Es más, al escribir esta reflexión, me pasó. Creo que este capítulo es el que más desafíos emocionales me ha causado y eso se debe a que me resulta muy difícil explicar en términos materiales lo que siento. Yo lo siento, lo experimento, a veces en milagros, otras veces en pecados, pero se me hace difícil poner en palabras un sentir y, más aún, estructurar un sentir en un texto que sea coherente y que aporte un valor. Por eso, utilizo las enseñanzas de Un curso de milagros y de la bella historia cristiana.

Realmente fue un gran desafío. Me puse por objetivo avanzar en este libro y liberé toda la agenda de la semana para lograrlo. Fue una semana de mucho trabajo emocional. Dediqué tres días enteros, de catorce horas cada uno de trabajo sesudo, a lograr estas páginas.

Ya es viernes, por la noche, bah, es sábado a la madrugada. A eso de las 20 horas sentí un enorme cansancio, me estaba durmiendo en el sillón. Compré comida rápida y descansé un rato. A las 22 ya estaba repuesto para a escribir y cerrar este capítulo, pero sentí que tenía que irme a dormir, se me cerraban los ojos.

Es raro para mi rutina irme a dormir a esa hora (en general, me voy a dormir a la una de la mañana), pero el cansancio era fenomenal. Me acosté, pero no pude dormirme. Mi cabeza estaba despierta, mi cuerpo también. Quedaba mucha energía dentro mío... ¿Qué estaba pasando? Mi miedo me mandó a dormir, me engañó; mi ego no quería exponerse a escribir algo que le da miedo mostrar por temor a la crítica.

Escribir este libro para mí es muy importante. Al hacerlo estoy venciendo muchas creencias limitantes. Una de ellas es creer que solo una persona que tiene un título universitario puede escribir un libro. Creencia ridículamente falsa, pero para mi ego es real. Luego, hay creencias más emocionales, como la desvalorización e invalidación emocional desde chico a sentir que lo que digo no tiene valor. Sufro el complejo del impostor, sintiendo que lo que tengo no vale. Y así puedo seguir con una larga lista de pecados, de juicios que creo y me hago a mí mismo.

Para mi ego, la opción para no sufrir es no brillar, ocultar mi luz para que nadie se dé cuenta y me ataque. Pero Jesús, Buda y todas las personas que siguieron sus sueños, aceptaron su luz y brillaron con fuerza. En cambio, mi ego me dice: No, escondete, no hagas, no te expongas, seguí como estás.

El ego es muy astuto, no es tan directo. No te va a decir: No hagas esto, sino que va a ser sutil, te va a persuadir con otras ocupaciones. El ego va a poner en el futuro a la acción, y cuando llegue el futuro, la va a patear hacia adelante. En mi caso, en esta semana, la cantidad de horas que gasté comiendo, cocinando, limpiando el piso, bañándome y leyendo las noticias en portales digitales, fue abismal. No juzgo el no hacer porque me vino a enseñar, pero fueron muchas horas simulando estar ocupado. Y esta idea de tener sueño a las 20 horas fue otra artimaña para no avanzar, para no escribir estas líneas. ¿Te das cuenta? Estaba paralizado en mi cama intentando dormir sin sueño como el paralítico tendido en la camilla. No hay diferencias entre ese hombre y yo, pasaron dos mil años, pero el dilema del pecado es el mismo. Acordate que no hay grados ni niveles, todos los pecados son iguales, todos los juicios son iguales.

Las heridas del pasado me estaban impidiendo escribir este libro, compartir mi verdad, brillar con mi propia luz. Estaba en la cama, cuando tomé consciencia de esto y pensé en la frase de Jesús: Dijo al paralítico: "Ánimo, hijo: tus pecados quedan perdonados" (Mateo 9:2). Solo eso fue suficiente para sanarlo. Un mensaje de aliento y una certeza: tus pecados ya están perdonados, ya no están ocurriendo, vos sos perfecto como sos y esa culpa que tenés te vino a enseñar para que hoy seas libre. Jesús sabía que una persona inmovilizada sufre por una pesada carga y lo liberó con un mensaje compasivo. No lo juzgó ni lo criticó, no importa qué hubiera hecho, es irrelevante. Jesús vio su suplicio y le dijo su verdad: no hay tinieblas en el reino, la luz abarca a todos los rincones, todos los átomos son puerto.

El trabajo de un maestro es negar el sufrimiento, negar esa ilusión. El pecado no es real, es simplemente una distorsión de lo que es, de la perfección de todo. Un curso de milagros, que es un libro maestro en mi vida, enfatiza la importancia de trascender el sufrimiento y la culpa a través del perdón y la aceptación de esa perfección universal. El sufrimiento y la culpa son considerados ilusiones que provienen de la creencia en la separación y la identificación con el ego, que solo puede creer que existe si se cree diferente de los demás.

Negar el sufrimiento no significa ignorarlo o reprimirlo, sino reconocer que su raíz se encuentra en la identificación con el ego y la creencia en la separación. La tarea es dirigir nuestra atención hacia la verdad, hacia la consciencia de unidad y el amor incondicional, dejando de lado la ilusión del sufrimiento y la culpa.

El perdón juega un papel fundamental en este proceso. Nos permite liberarnos de la carga emocional y mental asociada al sufrimiento y a la culpa. Al perdonar a nuestro hermano o a nosotros mismos, reconocemos que somos seres perfectos y dignos de amor, así como somos.

Nosotros somos imagen y semejanza con el universo, somos seres divinos y perfectos en nuestra esencia y nuestras acciones pasadas no pueden cambiar nuestra verdadera naturaleza. Jesús sabía bien esto y reconocía perfección en todo, incluso en sus asesinos. Recuerden: Padre, perdónalos, no saben lo que hacen.

El perdón juega un papel crucial para liberarnos de la parálisis de la culpa y de todo pecado. A través del perdón, reconocemos que nuestras acciones pasadas fueron expresiones de la inconsciencia y la identificación con el ego, de comer el fruto del árbol del conocimiento del bien y del mal. Aceptamos que todos somos seres en proceso de aprendizaje y crecimiento, que nuestras acciones pasadas no definen quiénes somos y que ese dolor que causamos o nos causaron fue la experiencia perfecta que teníamos que transitar para sanar. Por eso, es atinado decir que el perdón disuelve al pecado, y que al perdonar nos liberamos.

Al soltar la culpa y perdonarnos a nosotros mismos, nos abrimos a la posibilidad de vivir plenamente en el presente y abrazar nuestra verdadera esencia como seres divinos. Reconocemos que el pasado ya no nos define y que tenemos el poder de elegir en cada momento cómo queremos vivir, qué acciones queremos tomar y, en especial, qué mentalidad queremos tener: la pecaminosa o la milagrosa.

En lugar de quedarnos paralizados por la culpa, podemos abrazar la compasión y el amor hacia nosotros mismos. Todos cometemos errores, y es a través de esos errores, que aprendemos y crecemos. Nos permitimos soltar el pasado y dirigir nuestra atención hacia la posibilidad de una vida plena y significativa en el momento presente que, en definitiva, es todo lo que tenemos, es la más pura y sencilla unidad.

Jesús le dio la posibilidad al paralítico de que reinterpretase lo vivido. Lo invitó a sanar su pasado por medio del perdón, diciéndole que antes de que cometiera el pecado, ya estaba perdonado. Porque el perdón es lo único que puede dar Dios, ya que él es misericordioso con toda su creación.

Al recordar la mentalidad milagrosa, al sentir que Jesús sana con la palabra, entendí que no podía seguir en la cama estando paralizado por mi pasado, por esas creencias limitantes. La procrastinación es una forma de paralización. Se da cuando el miedo del ego frena nuestra propia esencia. En ese momento, elegí volver al Edén, dejar de juzgar a mi pasado y a mis "no puedo" para aceptar mi verdad, mi coherencia emocional, que es dar este libro al mundo. Desde mi más sentido corazón quiero que estas verdades que fui aprendiendo puedan ser de ayuda a otros, como fueron de ayuda para mí. Y, como ese aprendizaje es constante, sigo en muchas aristas de mi vida paralizado y en separación con la unicidad del universo. Pero entiendo que incluso la distorsión es perfecta porque el universo no tiene tiempos, Dios no tiene tiempos, todo es perfecto como es y así me libero de ese pasado; abrazándolo y agradeciendo cada instante de dolor porque me vino a enseñar y complementar.

Muchas personas sufren por la procrastinación, por su no poder, por no creer en sí mismos, por sus pasados, por lo hecho y lo no hecho, por sentir culpa... A todas ellas vengo a decir lo que me digo a mí mismo: ¡Ánimo, hijo; tus pecados quedan perdonados! (Mateo 9: 2). Algo tan sencillo y profundo como lo que le dijo Jesús al paralítico, quien lo único que necesitaba era un mensaje de liberación, de redención; un cambio de percepción. Ahora el paralítico entiende que su pasado es pasado, y que fue perfecto tal cual sucedió, porque perfecto es el universo, perfecto es Dios. Entiende que todo es parte del reino y que, por lo tanto, también él lo es.

Muchos no van a entender a Jesús y no van a querer que seas perdonado. Los Maestros de la Ley, estos supuestos sabios que viven condenando a los demás porque no se animan a vivir, te van a criticar. No van a permitir que te liberes de tu pasado porque, de lograrlo, ellos no tendrían más poder.

Jesús siempre los enfrentó, los trataba de estafadores espirituales. Al escucharse la frase que le dijo al paralítico sucedió lo siguiente: Algunos maestros de la Ley pensaron: "¡Qué manera de burlarse de Dios!". Pero Jesús, que conocía sus pensamientos, les dijo: "¿Por qué piensan mal? ¿Qué es más fácil: decir 'Quedan perdonados tus pecados' o 'Levántate y anda'? Sepan, pues, que el Hijo del Hombre tiene autoridad en la tierra para perdonar pecados". Entonces le dijo al paralítico: "Levántate, toma tu camilla y vete a tu casa. Y el paralítico se levantó y fue a su casa (Mateo 9: 3-7). Esto es muy importante, es clave. Los Maestros de la Ley Sagrada jamás van a liberarte de tus pecados, van a querer que seas siempre presa de tu culpa porque con esa culpa llenan templos. Los Maestros eran eruditos, se sabían todas las leyes de la Torá, vomitaban en cada sermón lo que había que hacer y castigaban con rigurosidad a los que incumplían estas leyes.

Eran astutos como la serpiente. Jesús, todo el tiempo, los puso en evidencia, los desenmascaró una y otra vez. Nunca pudieron ganarle una conversación porque Jesús no vino a cambiar las leyes, sino a hacerlas perfectas... ¿Y cuál es la perfección? La unidad, la compasión, la ternura, la empatía, el amor a la totalidad de Dios: Uno de ellos, que era maestro de la Ley, trató de ponerlo a prueba con esta pregunta: "Maestro, ¿cuál es el mandamiento más importante de la Ley?". Jesús le dijo: "Amarás al Señor tu Dios con todo tu corazón, con toda tu alma y mente". Este es el gran mandamiento, el primero. Pero hay otro muy parecido: "Amarás a tu prójimo como a ti mismo" (Mateo 22: 35-39). De nuevo, lo que está enseñando es la mentalidad milagrosa, te demuestra que Dios, los demás y vos son expresiones idénticas en la unidad. Y, mientras sigas en esa unidad, el Edén y los cielos serán tuyos, porque afuera y adentro es lo mismo.

El apóstol Mateo fue un recaudador de impuestos, es decir, una persona que pertenecía a los engranajes del poder. Ese es el principal motivo por el cual su evangelio se centra tanto en demostrar el poder de Jesús contra el poder de turno. Hay un par de versículos que son realmente tremendos contra los Maestros de la Ley Sagrada. Son tan impresionantes y claros, que no hace falta describirlos, solo te los dejo para que Jesús mismo lo diga. Mateo 23 arranca con este título: No imiten a los maestros de la Ley, y dice: Los Maestros de la Ley y los fariseos han ocupado el puesto que dejó Moisés. Hagan y cumplan todo lo que ellos dicen, pero no los imiten, porque ellos enseñan y no practican. Preparan pesadas cargas, muy difíciles de llevar, y las echan sobre las espaldas de la gente, pero ellos ni siquiera levantan un dedo para moverlas. Todo lo hacen para ser vistos por los hombres. Miren esas largas citas de la Ley que llevan en la frente y los largos flecos de su manto. Les gusta ocupar los primeros lugares en los banquetes y los asientos reservados en las sinagogas. Les agrada que los saluden en las plazas y que la gente los llame Maestro (Mateo 23: 2-7). Por lo tanto, ay de ustedes, ¡maestros de la Ley y fariseos, que son unos hipócritas! Ustedes cierran a la gente el reino de los cielos. No entran ustedes ni dejan entrar a los que querrían hacerlo. ¡Ay de ustedes, Maestros de la Ley y fariseos, que son unos hipócritas! Ustedes recorren mar y tierra para ganar un pagano y, cuando se ha convertido, lo transforman en un hijo del demonio, mucho peor que ustedes (Mateo 23: 13-15). Ay de ustedes, ¡Maestros de la Ley y fariseos, que son unos hipócritas! Ustedes pagan el diezmo hasta sobre la menta, el anís y el comino, pero no cumplen la Ley en lo que realmente tiene peso: la justicia, la misericordia y la fe. Ahí está lo que ustedes debían poner por obra, sin descartar lo otro. ¡Guías ciegos! Ustedes cuelan un mosquito, pero se tragan un camello (Mateo 23: 23-24).

Jesús era alto crack y, ahora que leíste esto, que es tan solo una fracción de las cosas que les dijo a los Maestros de la Ley, podrás entender por qué fue crucificado. Jesús era muy peligroso para sus intereses, debía morir y ser humillado, pero, gracias a esa humillación, logró mostrar que el reino de los cielos nos pertenece a todos.

Volviendo al milagro de Capernaum, cuando Jesús le dio ánimo al paralítico y le dijo que sus pecados ya estaban perdonados, los Maestros de la Ley se indignaron. Pues claro, ellos son los que pueden perdonar, ellos son los eruditos, los que detentan el poder. Pero si Jesús reconociera que algunas personas tienen más poder que otras, estaría admitiendo que en el universo hay dos, pero el universo es uno, lo que es arriba es abajo, todos los átomos son puertos.

Por eso, en ese milagro, les dice a los Maestros de la Ley: ¿Por qué piensan mal? Esta frase es tremenda: pensar mal es pensar en pecado, es esa distorsión causada por comer el fruto del árbol del conocimiento del bien y del mal. Es no entender que juzgar te separa. Y, por eso, les dice: Sepan, pues, que el Hijo del Hombre tiene autoridad en la tierra para perdonar pecados. Entonces dijo al paralítico: Levántate, toma tu camilla y vete a tu casa. Jesús estaba compartiendo a los Maestros de la Ley y a las personas que observaban, la mentalidad milagrosa, la consciencia de esa unidad de todas las cosas. Si Dios puede, nosotros también podemos porque somos parte de él y él es parte de nosotros.

Los Maestros de la Ley Sagrada, a veces, se encuentran afuera, pero muchas veces se encuentran dentro nuestro. En ocasiones, somos los Maestros de la Ley Sagrada de nuestras vidas. Y esas leyes son las creencias, los mandatos familiares y culturales, las heridas y los traumas. El ego es una multitud, un ejército de leyes sagradas que nos imponemos. Pero el reino es uno, es unidad, simplemente todo es y listo, no pasa nada, ya estás perdonado, ya estás en el lugar donde tenés que estar en el universo.

Los Maestros de la Ley son tus excusas, son tus miedos, es el ego mismo. Tenés que entender que el ego nunca quiere entrar en el Edén, en la unidad. Porque, al ingresar, el ego desaparece. Por eso, un Buda, cuando logra despertar, se dice que se funde con el cosmos. Despertar es disolver la ilusión del ego, anular el pecado original juzgando en bien y en mal a tu pasado y a tu esencia.

El ego no quiere morir, tiene como mayor aliado a tu cuerpo. El límite de tu piel es el espacio en el que el ego cree que es diferente al resto. Te separa del todo haciéndote creer que vos sos desigual. Pero la prisión más grande que genera es a través de sus leyes. En mi caso, la ley es creer que yo no merezco hacer este libro porque no tengo un título universitario o que me van a crucificar mediante la burla por animarme a hablar de la espiritualidad sin creer en el espíritu. El ego es el Maestro de la Ley Sagrada por excelencia, y va a hacer lo posible para que se cumplan a rajatabla las leyes sagradas, ya que, sin ellas, se disolvería como una gota en el mar.

El ego, que es Maestro de la Ley Sagrada, prepara cargas pesadas y muy difíciles de llevar. Lo hace para ser visto y reconocido por los demás. Le encanta figurar, demostrar cuán experto es en las palabras de la ley que, por cierto, cumple sacrificándose, a la espera que todos se sacrifiquen como él lo hace. El ego no quiere entrar en el Edén y no deja que nadie más entre. Al ego no le importa la misericordia o la compasión con el que transgrede su ley, solo quiere que se cumpla a toda consecuencia.

Esa es la ley del ego, rígida, estática, no es perfecta porque no tiene en cuenta la misericordia y el amor, solo es una ley que dictó para que se cumpla. Pero hay muchas leyes en el mundo de la dualidad, acordate de que el ego es multitud. Solo voy a enumerar algunas:

- La ley de no poder merecer la felicidad.
- La ley de no poder fallar.
- La ley de no poder cambiar.
- La ley de no poder confiar en los demás.
- La ley de no tener control sobre mi vida.
- La ley de no poder tomar riesgos.
- La ley de no poder expresar mis emociones.
- La ley de no poder alcanzar el éxito.
- La ley de no poder perdonarme.
- La ley de no poder hacerlo solo o sola.
- La ley de no poder hacerlo con otros.
- La ley de no poder ser vulnerable.
- La ley de no poder mostrar debilidad.

- La ley de no poder decir "no".
- La ley de no poder cometer errores.
- La ley de no poder superar mi pasado.
- La ley de no poder confiar en mí.
- La ley de no poder pedir ayuda.
- La ley de no dejar ir el resentimiento.
- La ley de no poder salir de mi zona de confort.
- La ley de no poder hacer una diferencia en el mundo.
- La ley de no poder tener éxito en el amor.
- La ley de no poder manejar el rechazo.
- La ley de no poder tener equilibrio en mi vida.
- La ley de no poder ser auténtico.
- La ley de no poder ser feliz si los demás no lo son.
- La ley de no poder descansar o relajarme.
- La ley de no poder lograr mis metas.
- La ley de no poder confiar en mi intuición.
- La ley de no poder tener una relación saludable.
- La ley de no poder perdonar a los demás.
- La ley de no poder enfrentar mis miedos.
- La ley de no poder alcanzar el éxito en mi carrera.
- La ley de no poder cambiar mis circunstancias.
- La ley de no poder confiar en el proceso de la vida.
- La ley de no poder aprender de mis fracasos.
- La ley de no poder amarme.
- La ley de no poder perder la pasión por algo o alguien.
- La ley de no poder dejar de preocuparme por el futuro.
- La ley de no poder encontrar la felicidad en el presente.

Podría seguir casi interminablemente con las leyes del ego, con esos mandatos y creencias rígidas que nos hacen esclavos y desdichados. El ego es multitud, contiene todas las leyes del mundo. Te mantiene en tu jaula, presa de un permanente bloqueo (físico y mental), como un esclavo. Pero viene Jesús, que es un portador del milagro, y te dice: ¡Ánimo, hijo; tus pecados quedan perdonados! Para que puedas liberarte de esas leyes y ser, por primera vez, vos en completa honestidad con tu esencia divina.

Las leyes del ego son multitudes, la ley del universo es una: sé vos. Por eso, tus pecados quedan perdonados desde el momento que los cometiste, ya que fue necesario atravesarlos para ser quien sos hoy. El universo se manifiesta de maneras tan increíbles que, si uno está en calma, puede observar las enseñanzas que están a la orden del día. Cuando uno es en honestidad, pareciera que el universo conspira para acercarte lo que estás necesitando recibir, a veces, con tempestades y otras, con mieles.

La historia de Mariana

Al momento de escribir estas líneas, una mujer llamada Mariana y su marido se presentaron en mi casa en Tandil. Son de Olavarría, una ciudad cercana, vinieron el fin de semana a descansar. Ella me escribió por Instagram y me pidió si era posible pasar a darme un abrazo. Accedí con gusto, sentía que ella estaba necesitando ese abrazo y que en ese encuentro habría algo por descubrir para este libro.

Llegaron casi al mediodía. Hacía mucho frío. Ni bien abrirles la puerta, ella me abrazó y empezó a llorar. Los invité a pasar a charlar. Ya dentro, saludaron a mi gatito, el Señor Pantuflas, y se sentaron en el sillón. Estaban pasando por un momento muy duro, se los veía agotados. Mariana me contó que está atravesando una muerte muy cercana que la tiene muy sensible, pero, en especial, sufre por los dichos de su familia sobre la crianza de su hijo que tiene autismo.

Mariana tiene una hermana gemela que, según ella, es perfecta. Ella, en cambio, siente que no hace nada bien. Su familia critica todo lo que hace y todos la comparan con su gemela. Le dicen que está criando mal a su hijo y que es su culpa que tenga autismo. Le cuestionan su alimentación, los métodos de enseñanza, que se haya separado y vuelto a casar, todo. Ya, desde el embarazo, le dijeron que estaba haciendo las cosas mal, y cuando le detectaron el autismo a su hijo, le manifestaron que era su culpa.

El hijo le requiere mucho tiempo de su día, ella trabaja y pasa sus horas libres con él. Está agotada, se le nota en sus ojos. Este fin de semana fue su primer fin de semana lejos de su hijo Julián de diez años. Se sentía muy culpable de dejarlo con su familia mientras tomaba un descanso tras diez años de no tener un espacio íntimo con su pareja.

Este es un ejemplo, uno más, de la distorsión y la violencia que generan los Maestros de la Ley Sagrada. Recuerden que los pecados no tienen grados ni niveles, como tampoco lo tienen los milagros; son todos iguales.

Mariana sufre por los juicios, por creerse separada del todo, por negar su propia esencia. Los Maestros de la Ley se encuentran personificados en sus padres, en sus creencias, pero, en especial, en su corazón.

De niña la han comparado y ella ha crecido aprendiendo a compararse. La comparación es un juego terriblemente desgastante del ego. Y como este cree en la separación, la comparación le sirve para evidenciar su existencia. Yo estoy aquí y vos estás allá. Yo tengo, vos tenés lo otro, todos tenemos algo y yo valgo en relación con lo que vos tenés. Sus padres le inculcaron una forma de ser, una serie de códigos y valores de cómo ser una buena hija y persona.

Al verla sentí la necesidad de decirle lo que dijo Jesús y lo que me digo a mí mismo: ¡Ánimo, hijo; tus pecados quedan perdonados! Pero decirle a alguien que está pecando, sin antes haberle explicado que el pecado es una distorsión de la percepción, puede ser muy violento y confuso. Ella me miró con una lágrima que caía en su mejilla, la tomé de la mano y le sonreí. Le dije, a lo largo de la tarde, en distintos momentos, lo que escribo a continuación:
Ser mamá es una vivencia que no se puede aprender de antemano, es una experiencia que se descubre día a día. Todos los días vas aprendiendo a ser madre. No es lo mismo ser madre de un bebé recién nacido, que ser madre de un niño de dos años,

ni mucho menos de cinco, diez o quince. Tampoco es lo mismo si tenés dos hijos, porque nadie te enseña a criar al segundo, y tampoco al tercero. Todos los días rendís un nuevo examen, y recibís una nueva enseñanza.

Hasta lo que yo sé, no existe una "guía definitiva para ser una buena madre". La maternidad es una experiencia que se aprende, no por los libros, sino por la vivencia. La maternidad se descubre, se va formando día a día con nuestros aciertos y fallos. Y, aunque quieras evitarlo, siempre vas a cometer acciones que van a generar dolor a tu hijo y de las cuales no estarás orgullosa. Esto es así, tu mamá lo hace, mi mamá lo hace y todas las madres del mundo lo hacen. Y es porque el error es parte de la vida, participa en la vida, tanto como el acierto. Lo importante es ser conscientes lo más rápido que podamos para corregir esas acciones que tenemos que modificar.

Tu caso es diferente. No pude observar ninguna acción que pueda ser considerada como una mala decisión. Vos sola te estás agrediendo, creyendo que sos una mala madre, pero no lo sos, sos una dulce madre que está aprendiendo a ser una madre de un niño con autismo. Estás aprendiendo a tu ritmo y estás haciendo lo que podés. Lo que ocurre es que, desde niña, fuiste criada desde el maltrato. Te enseñaron que no valías lo suficiente, que siempre estabas equivocada y tus decisiones no fueron validadas.

Cargarte con la culpa de una condición que tiene tu hijo es una canallada, producto del miedo que tienen tus padres. Te han controlado mucho, al igual que a tu hermana. El control es la forma de amor que regala el ego, somete al amado con sus leyes, no permitiéndole vivir con su propia esencia. Es un "te quiero tanto que te encierro en esta cárcel para que no te lastimen".

El miedo que te heredaron no te pertenece, habla de sus creencias, de cómo fueron criados por sus padres. Todo juicio viene del miedo. Y es desgastante haber transitado toda tu vida con el dedo acusador señalándote. Ahora, después de tantos años, no solamente se encuentra el dedo acusador de tus padres, sino también, al cerrar los ojos, tu propio dedo te acusa de ser una mala madre.

Mariana: no sos una mala madre, sos una madre completa. Una madre completa es la que acepta su totalidad, que incluye lógicamente los aciertos, pero también los "desaciertos" causados por esas creencias que te dijeron. Porque ... ¿Qué tiene de malo venir un sábado y domingo a Tandil a descansar con tu pareja? Ninguno, solo vos creés que eso es malo por las creencias y juicios que te hicieron y que te auto-hacés. Pero, la verdad es que no tiene nada de malo, es saludable. Muchas personas no aceptan irse de vacaciones sin sus hijos, yo no los juzgo, es su forma de vivir. Pero te aseguro que, si yo tuviera hijos, también me iría un fin de semana con mi pareja dejando a mis hijos con mi hermano o con mis padres. ¡No tiene nada de malo! Es una acción que estás necesitando en este momento para tu bienestar emocional. Que otros vivan como quieran, vos viví como quieras. No tenés que rendirle cuentas a nadie, es lo que sos, y es la forma que encontraste para ser, y no está mal.

Vos sos la que sos, ni más, ni menos. Tus padres con sus prisiones, con sus leyes, te enseñaron que: "solamente vas a ser una buena madre si seguís estas leyes". ¿Conclusión? Todo lo que trasgreda lo contenido en esas normas, subjetivas y no reales, será castigado con el juicio, con la crítica. Si ser una buena madre significa estar prisionera de esas leyes falsas, no busques entonces ser una buena madre. Yo te invito a ser una madre completa, que es la que acepta que ella es mucho más que esas normas ajenas y que su amor las trasciende por completo.

Sos una buena madre, una madre completa. Tu hijo tiene la fortuna de tener una madre como vos. Sé que no pudiste disfrutar de tu descanso este fin de semana por la culpa, pero tu domingo, antes de regresar, puede ser una verdadera fiesta. Quiero que vayas al restaurante que más te guste. Pedí una entrada de salames y quesos, brinden con una copa de vino blanco, pidan un buen plato de carne y verduras. Luego, soliciten la carta y encuentren el postre más dulce. Saquen fotos, rían y luego vayan a un parque. Tírense en el pasto con la luz del sol del mediodía de invierno que calienta el frío y tómense de la mano. Cierren sus ojos y sientan el pasto en su nuca, sientan la espalda como se estira y los músculos se relajan. Sonrían y agradezcan esta paz que se ganaron. Regresen a Olavarría. En el viaje, tomen mate, paren en una estación de servicio a cargar combustible y estiren las piernas. Pidan un café, sonríanle a quien les sirva el café y tómenlo viendo los autos de la ruta pasar. Un susurro en el viento aparecerá para decirles que todo está bien, que están haciendo lo que pueden y que ese poder es perfecto. En líneas generales, todo eso es lo que intenté trasmitir a Mariana y a su marido aquella tarde.

Mariana emocionada me abrazó y, en cada segundo que duró ese abrazo, se fue relajando. Sentí cómo sus tensiones se iban disipando y empezó a sonreír. Su marido me dio las gracias y nos sacamos una foto los tres. En la semana me compartió la imagen y me contó que disfrutó mucho su vuelta a Olavarría. Y que, a la noche, tuvo un sueño profundo, descansó como no lo hacía desde hacía diez años. Y es que ahora, sin la carga pesada de la culpa, Mariana quizás se prepara para vivir un encuentro con su hijo mucho más genuino y sincero, solo el tiempo podrá decirnos si el milagro de la aceptación ingresó en su percepción.

Y es aquí donde terminamos este capítulo. Mariana sonrió, durmió y se fue a su casa. Esto es fundamental, y es la última enseñanza del milagro de Capernaum. Jesús al darle ánimo al paralítico, decirle que sus pecados quedaban perdonados y contestarle al Maestro de la Ley Sagrada (que para mí era su ego) le vuelve a hablar y le dice: Levántate, toma tu camilla y vete a tu casa. Son tres acciones claves para cualquier despertar. El primero es volver a la unidad, ya no tenés la mochila que te aprisiona con su kilaje. La culpa se fue, es hora de volver a ponernos de pie, de levantarnos, de seguir con nuestra coherencia emocional.

Luego le dice que tome su camilla. Esto es muy profundo: la camilla, creo yo, representa su pasado, esos años paralizados. Y a estos años no hay que rechazarlos, no podemos rechazar nada porque estaríamos rechazando a Dios. Recordemos que Dios, el universo, no tiene tiempos y que la justicia es dar a cada uno lo que le corresponde. Entonces tu pasado, tu camilla, se va con vos. Esto no quiere decir que sos esclavo de la camilla, sino que tu camilla va con vos de regreso a tu casa porque ese pasado sucedió, con todo el dolor que eso conlleva, para hacerte aprender, para llegar a ser quien sos hoy. No niegues nada, abrazá todo.

Y lo último que le dice Jesús (que representa al despierto, al grado de consciencia más elevado, la unión con el todo, el mismísimo Edén) es que regrese a su casa. No le dice que vaya a pescar, a limpiar leprosos, a ser comerciante o soldado. Le dice que vaya a su casa, no le hincha las bolas con mandatos o cargas. No le va a cargar de nuevo la mochila para que se vuelva otra vez paralítico. Simplemente le dice que vuelva a su hogar... ¿Y cuál es su hogar? Su coherencia emocional, su verdad. A Jesús no le importa lo que hagas con tu verdad. Él sabe que la única obligación que todos tenemos es seguir nuestra propia coherencia emocional porque todos somos parte de todo. Y, por lo tanto, como cada átomo es un puerto, se acabó el buscar, el seguir, el mutilar tu sentir para encajar. Te dice que te vayas a tu casa y que hagas tu vida.

Sos libre, levántate, tomá tu camilla, vete a tu casa y no rompas las bolas.

Te mando un abrazo.

La belleza de ser vos: el príncipe descansó

Mariana, la mujer de la que te hablé en el capítulo anterior, al regresar a Olavarría, descansó profundamente. Tras unos días, le volví a escribir. Me contó que seguía durmiendo mucho. Me puse contento, dormir es una buena señal. Cuando abandonamos por fin la culpa y las consecuencias de pecar, la primera reacción que se genera es la necesidad imperiosa de descansar.

Es una respuesta fisiológica al sentir que estamos en un lugar seguro, que se expresa de muchas maneras. Te cuento algo. Diciembre era un mes con una carga de estrés muy grande en mi adolescencia, porque me solía llevar materias que tenía que aprobar si no quería repetir el año. En enero, puntualmente la primera quincena, mis padres siempre iban a la playa.

Desde chico, odié la playa por múltiples razones. La primera era que, tras haber pasado el estrés de cada diciembre, quería quedarme jugando videojuegos con mis amigos, cosa que no había podido hacer hasta entonces, porque había estado encerrado, castigado desde noviembre. Sumado a esto, mi obesidad y el hecho de mostrar mi cuerpo me generaban mucha inseguridad.

Pero también hay otras cuestiones más puntuales y mañosas mías. No me gusta la suciedad, transpiro los pies, por lo que las ojotas siempre me patinan y la arena se me pega en todo el cuerpo. Además, el mar argentino es helado, las aguas vienen del mismísimo polo sur. Conclusión: estar tirado en la playa con calor, arena en la entrepierna y aburrido viendo a mi familia no era la mejor de las opciones para disfrutar de mis vacaciones. Al menos eso creía entonces.

Mis padres me decían que era un malagradecido por no reconocer el enorme esfuerzo que hacían para poder irnos de vacaciones ni lo afortunado que era.

La culpa siempre fue una forma de castigar mi sentir. Mis padres, en aquellas situaciones, eran esos Maestros de la Ley Sagrada que decían que debía agradecer el hecho de tener vacaciones, ya que otros no podían darse ese lujo. Y yo era un pecador por no aprovechar ese privilegio de pocos.

Eso era, y es, una manipulación. Entiendo que ellos querían darme una enseñanza sobre el valor de las cosas. No los juzgo porque sé que lo hicieron con amor, pero las cadenas más lindas siempre se ponen por amor, por el amor del ego, lógicamente. El amor verdadero es como el sol, alumbra a todos por igual sin preguntar antes qué hizo el otro para merecer su luz. En mi caso, no me gustaba la playa, prefería otras cosas, simplemente era eso. Incluso, en la actualidad, siendo adulto, no existe la menor posibilidad de que pase unos días en la playa argentina.

Hace poco estuve en Capri, Italia, y quise con mucho gusto ir a la playa. Sentía la necesidad de poder bañarme en las aguas del Mediterráneo. No tenía traje de baño, así que me metí con el pantalón corto. Quería saber cómo se sentía ese mar, sus olas, la temperatura del agua... ¡Fue una aventura que disfruté mucho! Pero era para pasar unas horas, no mucho más. Lo mismo con otras playas que pude conocer en Montañitas, Ecuador, o en Montevideo, Uruguay. Lo disfruto, estoy un rato, pero luego ya quiero irme. A la distancia, creo que lo que disfrutaba era la experiencia de sumergirme en aguas desconocidas.

En la actualidad, mi forma de disfrutar de unas vacaciones es descansando en un espacio cómodo o conociendo nuevos lugares. No es negociable para mí pasar más de dos días en una playa y, menos aún, en una playa que ya conozco.

Volviendo a mi adolescencia, como te dije, mis padres me tildaban de malagradecido por no querer ir a la playa. Crecí pensando que mi forma de disfrutar las vacaciones era equivocada y que yo era un egoísta. Este ejemplo es algo simplón, de un problema muy minúsculo en comparación con otros temas que realmente determinan formas de vida, pero justamente esa pequeñez es lo que lo hace importante. Recordá que no existen grados ni niveles en los pecados ni en los milagros: la consciencia de separación del pecado se expresa en todos los juicios.

No hay nada de malo en que no me guste la playa. No significa que fuera un malagradecido o no tuviera consciencia del esfuerzo que representaba para mi familia ir de vacaciones a la playa durante una quincena. Desde chico tuve muy presente los esfuerzos que conlleva el dinero, pero eso no quita que no me guste la playa. A algunos les gustará y a otros no, ninguna elección es equivocada, uno tiene que seguir su coherencia emocional.

Mis padres me criaron como pudieron. Esa crianza no fue mala ni buena, fue la que fue y, por lo tanto, fue perfecta. Me enseñaron y también generaron heridas. Todos los padres las generan, es imposible no hacerlo. El tema es no juzgar a nuestros padres, ellos nos dieron el amor que pudieron, así como nosotros dimos lo que pudimos como hijos.

En la Torá judía o el Antiguo Testamento de los cristianos, Moisés trae la tabla con los diez mandamientos. Uno de ellos, que se expresa en el Éxodo 20:12, dice: Honra a tu padre y a tu madre. Hemos entendido completamente mal esta frase. Honrar no significa obedecer, honrar significa respetar el hecho de que tus padres te dieron lo que te pudieron dar, ni más ni menos. Y que tu trabajo es abrazar todo, la luz y la sombra, porque estas fueron perfectas porque perfecto es Dios. Honrar significa aceptar que ellos hicieron lo que pudieron con su vida, pero vos vas a seguir la propia. Que no es mejor ni peor que la de ellos, simplemente es tu vida.

Y, como afuera no hay nada, como todo es perfecto, como no hay un norte ni un sur adónde ir, tu única obligación es seguir tu coherencia emocional. Y te lo repito: la tuya, no la de tus padres, no la de tus amigos, no la de tu jefe ni la de tu pareja... La tuya.

Hasta hoy, mis padres van a veranear a la playa argentina, puntualmente a Miramar, todos los veranos en la primera quincena de enero. Siempre nos reímos de esos momentos porque, si bien odiaba ir, tenía que ir de todas maneras, y uno siempre termina disfrutando.

Con los años, mis padres aprendieron que tanto mi hermano como yo no disfrutábamos de ese tipo de eventos, y dejaron de invitarnos. Entendieron que no tiene sentido forzar nada y aprendieron a vacacionar solos. De vez en cuando, tratamos de compartir algún momento, pero no por el placer o incomodidad que genera el lugar, sino porque nos hace bien compartir y pasar tiempo juntos. En realidad, el lugar se transformó en una excusa para disfrutar del encuentro.

Pero, en mi adolescencia, año tras año, luego de haber pasado noviembre y diciembre encerrado sin ni siquiera festejar mi cumpleaños (17 de diciembre), se repetía un mismo patrón muy particular. La primera noche en Miramar dormía profundamente. Y no solo la primera noche, sino también la segunda o hasta la tercera. Mi madre decía que era por la brisa del mar, que me relaja. Puede haber influido la cercanía con el mar, pero era algo mucho más profundo.

Llevarme materias y tener que rendirlas con el miedo de repetir el año era la prueba más estresante que podía tener. Los días antes de rendir eran de mucha presión psicológica, de mucha culpa y miedo. Pero cuando, por fin, terminaba ese calvario, nos íbamos de vacaciones y caía rendido al sueño. Llegaba la noche y yo ya estaba durmiendo, dormía muchas horas, muchísimas.

Esto siguió en mis años de la universidad. En diciembre, terminaba de rendir finales, nos íbamos a Miramar y terminaba durmiendo como la Cenicienta los primeros días. Y cuando ya trabajaba y me tomaba unos días de vacaciones, también dormía profundamente.

¿Por qué descansaba tanto? Porque estaba en un espacio seguro. Las vacaciones representan ese momento en el cual los problemas de la rutina ya no están, el estado de alerta cesa y el cuerpo recupera esa energía que destinó a sortear situaciones angustiantes y/o de mucho estrés.

Recordá esto: cuando estás en un lugar seguro, lo primero que hacés es dormir. Esa es la señal que va a dar tu cuerpo cuando te encuentres bien. Y el descanso no solamente aparece en las vacaciones. También lo hace con las personas. Muchos hijos que viven solos o en otras ciudades, al regresar al hogar de sus padres para pasar unos días, terminan durmiendo mucho tiempo. O personas que han atravesado alguna situación extrema, como estar perdidas en el mar, en una selva o en un desierto, tras ser rescatadas, terminan durmiendo por largas horas. El cuerpo necesita descansar, necesita sanar todo lo que soportó.

El amor tiene mucho de dormir y dormir tiene mucho del amor. Cada vez que me enamoro y paso unos días conviviendo con esa persona que quiero mucho, termino durmiendo largas horas, y ella también. El plan es dormir. Estar ahí, en una cama abrazados y tapados, con mi gatito, durmiendo los tres. Nos despertamos, vemos el sol que se filtra por la cortina, nos miramos, nos damos un beso y seguimos durmiendo. Y así pasan las horas de los primeros días de una relación, porque esos abrazos, esa boca, esos ojos son el espacio seguro que ambos estábamos necesitando para poder descansar en paz.

Es curioso, el descanso se nombra en dos momentos de la creación en el relato judeocristiano. En Génesis 2: 2-4, dice: El Séptimo día Dios tuvo terminado su trabajo, y descansó ese día de todo lo que había hecho. Bendijo Dios el Séptimo día y lo hizo santo, porque ese día descansó de sus trabajos después de toda esta creación que había hecho. Pero más lindo es el Génesis 2: 21: Entonces Dios hizo caer en un profundo sueño al hombre y este se durmió. Le sacó una de sus costillas y rellenó el hueco con carne. De la costilla que Dios había sacado al hombre, formó una mujer y la llevó ante el hombre. Podríamos decir que del descanso surgió la posibilidad del encuentro con la otredad porque al estar concentrados nos perdemos de lo que ocurre alrededor nuestro.

Sin dudas, el descanso participa en el amor como un síntoma de seguridad y confianza. Es imposible descansar cuando no nos sentimos seguros en el lugar o con la persona con la que dormimos. Podremos dormir, pero no descansar genuinamente. Es por eso por lo que le pregunté a Mariana si había dormido más de lo habitual en su vuelta a Olavarría. Pero hay algo más profundo todavía que te quiero compartir.

Buscar las respuestas afuera

Cuenta la leyenda que, en Nepal, hace 2600 años, había un príncipe heredero de la familia real Shakya, llamado Siddharta. Se dice que era un joven muy amable y sensible; muy hábil en la poesía y en el tiro con arco.

Como príncipe, Siddharta tenía a disposición todas las fortunas del reino. Poder, dinero, alimentos, mujeres, tenía todo... Pero no era feliz. Cuanto más tenía, más desdichado era.

Su insatisfacción con esa realidad hizo que un día escapara de esa vida de lujos. A los 29 años, renunció a su reino, a la comodidad, a su familia, dejó a su esposa Yosodhara y a su hijo recién nacido Rahula. Abandonó todo en búsqueda de respuestas. Se cortó el pelo, se quitó la túnica y fue con los "santos" de su región. El príncipe se volvió un asceta, un mendicante, un verdadero pobre. Si la riqueza no me da felicidad, entonces debe estar en la pobreza, seguro pensó.

Siddharta se volvió un buscador de la felicidad y comenzó un duro camino, el más duro de todos: buscar afuera lo que se encuentra dentro nuestro. El príncipe fue en búsqueda del despertar espiritual. Fue discípulo de todos los sabios y maestros de la India. Hizo yoga, recitó mantras, se metió en agua congelada, caminó sobre brasas ardiendo, ayunó de manera extrema llegando a comer tres granos de arroz al día y meditó durante largos períodos en posiciones incómodas y aguantando la respiración.

Siddharta fue un gran discípulo. Como no se quería, podía aguantar todos los tormentos que los sabios le imponían para lograr el despertar.

Después de seis largos años, estaba irreconocible. Su cuerpo estaba deteriorado, sucio, débil, raquítico y con muchas cicatrices. Siddharta abandonó el mundo material y se volcó al mundo espiritual, condenando todo lo material y creyendo que solo sus prácticas iban a lograr el despertar. Privó a su cuerpo del descanso, del alimento, del sexo, de la comodidad; no se tapaba en invierno y se abrigaba en verano. Incentivado por grandes sabios, creyó que domando al cuerpo del deseo iba a lograr la verdadera felicidad.

Los sabios de la India son iguales a los Maestros de la Ley Sagrada de Israel. Todos son portadores del pecado de la separación. Se creen mejores que los demás, dictan leyes de cómo se tiene que vivir y condenan al resto. Todos estos eruditos tienen planes y métodos para lograr la felicidad, para lograr la paz. Te exigen que los cumplas rigurosamente. Solo así podrás lograr tu sueño.

El retroceso de las religiones en nuestra era ha generado un renacer de todos estos sabios y Maestros de la Ley que difunden las más diversas prácticas. Te dicen que hagas yoga, que medites, que vayas al templo, que te sientes en posición de flor de loto, que te sumerjas en agua fría, que no te masturbes, no comas carne, que duermas poco, no festejes tus triunfos, entre muchos otros tantos consejos que lo único que intentan es limitar tu propia esencia y atacar a tu cuerpo.

Los sabios piensan que negando tu mundo material podrás entrar en el mundo espiritual. El problema es que el que niega a su cuerpo también rechaza su esencia, porque en la unidad del Edén, tu paz se encuentra cuando está en sintonía todo tu ser. El mundo material y el mundo espiritual son lo mismo, no podés escapar de uno para entrar en el otro. No hay dos en el universo, todo es uno. Por eso, la única forma de entrar en el Edén es deshacer la ilusión del pecado.

En el caso de Siddharta, para que fuese capaz de encontrar la felicidad, lo primero que tuvo que hacer fue dejar de buscarla, dejar de intentar alcanzar algo que no puede ser alcanzado.

Al príncipe Siddharta le tomó seis años de agresión constante a su cuerpo tomar conciencia de esta situación. Para despertar tenía que abandonar al mundo material y al mundo espiritual, tenía que dejar de pensar en dualidad y conectar con su verdadera esencia.

Un día igual a los demás días, Siddharta estaba agrediéndose. ¿Cómo? Meditando en una posición incómoda durante horas. Tenía mucha hambre, y cuando pensaba en esa hambre se decía: Todavía estoy lejos de la sabiduría, no puedo callar el hambre, sigo siendo un hombre banal. Siddharta estaba a punto de morir, su cuerpo no podía sostener más ese nivel de inconsciencia que los sabios recomendaban para ser una persona santa.

Por el bosque donde se encontraba junto a los sabios, pasó un grupo de niños tocando laúdes (te invito a que en este momento busques música de laúdes en tu reproductor de música para seguir leyendo). El laúd es un instrumento de cuerda que viene de Persia, similar a una guitarra y muy utilizado también en la región de la India.

Siddharta estaba a punto de morir de inanición, cuando escuchó la música de los laúdes sonar. La música se colaba por todos los árboles y llegaba a los oídos de Siddharta en forma de susurro. En ese momento, recordó su vida material en el palacio. Él era una persona sensible, amante de todas las expresiones del arte.

Volviendo a ese instante, tuvo una revelación, la más importante de toda su vida: la música del laúd es muy bella porque sus cuerdas están afinadas. Cuando las cuerdas del laúd se tensan muy fuerte, suena mal. Y si se tensan muy suave, no tienen fuerza para que vibre en una bella frecuencia. Es decir, la belleza de la música del laúd radica en el equilibrio de sus cuerdas. Ni muy ajustadas, ni muy flojas, en su justo equilibrio.

Siddharta no lo podía creer. Esos niños le salvaron la vida. Se dice que, en ese momento, a Siddharta le cayó toda el agua del océano encima. Sí, le cayó la ficha. Fue un impacto tan fuerte, que el mismo universo tembló. Se dio cuenta de que había malgastado toda su vida y, en especial, sus últimos seis años. Tensó las cuerdas de su vida dañando hasta el mismo laúd por la presión que generó. Todos esos ayunos, todos esos fríos y calores, todas esas posturas agresivas del yoga, todas esas largas meditaciones, toda esa mediocridad había sido en vano. Aquello fue la expresión de la máxima inconsciencia posible: la del ego espiritual, la de creer que iba a lograr algo agrediendo y negando su propia esencia. Quiso cesar el sufrimiento causando más sufrimiento, así de ilógico es el razonamiento del ego.

Volviendo al sonido de los laúdes, Siddharta quedó conmocionado por esa música. Estiró su espalda, utilizó un palo para juntar fuerzas y se levantó. Sus piernas estaban débiles, habían pasado muchos días en la misma posición. La sangre tenía que empezar a fluir por sus extremidades otra vez. De a poco, empezó a caminar. Por el bosque pasaba la joven Sujata quien, al ver el estado tan demacrado de Siddharta, lo confundió con un espíritu, se apiadó de él y le compartió un buen tazón de arroz con leche y canela.

Los ascetas no lo podían creer. Era obvio, el príncipe no iba a poder despegarse de sus deseos mundanos, nos vamos de acá, sos impuro, deben haber pensado y dicho. Siddharta los mandó bien a la mierda (o al menos, así lo imagino), entendió que esos expertos en espiritualidad solo eran personas trastornadas. Los ascetas y Siddharta se separaron en la orilla del río Niranjana.

Después de haberse alimentado bien por primera vez en seis años, Siddharta quiso cruzar el río. Era un río muy pequeño, sin mucho cauce, que hasta un niño podía cruzar. Pero, él estaba débil tras tantos años agrediéndose. Entonces, al cruzarlo, no pudo mantenerse en pie y cayó. ¡Estaba a punto de morir ahogado! Por suerte pudo aferrarse a unas yerbas y salió del río, pese a la poca energía que le quedaba.

Cansado y decepcionado al ver en qué estado estaba su raquítico cuerpo, Siddharta se convenció de que el camino espiritual era una desgracia. Se había esforzado tanto para nada, se sentía cada vez más lejos de su despertar. No lo había alcanzado, años antes, rodeado de todo el confort del palacio, y ahora, en la pobreza más extrema, tampoco. En palacio, su padre, el rey, le indicaba que tenía que ser el heredero de su trono. En los últimos tiempos, los ascetas, yoguistas y meditadores seriales le sugerían que tenía que agredirse haciendo ciertas prácticas espirituales... Había pasado su vida siguiendo los consejos de otras personas, sintiéndose en falta y callando su sentir para someterse a las reglas de los demás.

Siddharta, todo mojado y sin energías, atravesó un campo de hierbas y cayó rendido debajo de un gran árbol. Se dice que un granjero lo vio tan cansado y desprotegido que le ofreció un poco de hierba para que pueda hacerse un almohadón y estar más cómodo. Los almohadones lógicamente estaban prohibidos para los ascetas mendicantes, quienes consideraban que una mente formada era capaz de doblegar cualquier incomodidad. No obstante, esta vez, Siddharta aceptó el regalo y se sentó, por primera vez en seis años, cómodo a meditar y a descansar.

El príncipe y mendicante tuvo una valiosa revelación: Me pasé la vida buscando la felicidad y solo logré más sufrimiento. Ya está, me cansé de seguir mandatos de otros, me cansé de mi padre, de los yoguistas, de los maestros y de los ascetas. Se van todos a la mierda, desde ahora voy a hacer mi vida, voy a hacer lo que siento a mi manera (probablemente no lo pensó así, pero me gusta imaginar que así lo hizo).

Así, Siddharta renunció a la búsqueda. Terminó, por fin, el deseo, terminó la odisea, la búsqueda del tesoro. En adelante, ya no haría más nada, no le interesaba seguir ninguna doctrina o hábito.

Mojado, raquítico, pero con el estómago por fin lleno, sentado bajo un árbol sobre un cómodo almohadón, sintió una extraña paz. Ya no tenía que hacer nada, no había rutina por seguir ni deberes por hacer. Por primera vez en seis años no había planes.

Y fue así como Siddharta se sintió seguro por primera vez. Como Mariana al llegar a Olavarría, entró en un profundo sueño. Descansó como nunca, descansó todo lo que no había descansado en todos estos años de autoagresión siguiendo la verdad de otras personas. Cuenta la leyenda que, al llegar la mañana, Siddharta ya no estaba. Al abrir los ojos... Nació Buda.

Buda significa "el despierto". Siddharta llegó a la budeidad cuando dejó de buscar la budeidad. Buda despertó cuando Siddhartha decidió vivir su propia vida. Su proceso de despertar comenzó con el equilibrio de las cuerdas de los laúdes, comiendo un gran plato de arroz con leche y canela cuando tuvo hambre, sentándose sobre un almohadón y descansando cuando necesitó descansar.

El Buda Gautama despertó cuando siguió a su propia coherencia emocional. Y esta se expresa también con el cuerpo, porque somos una unidad. No nos podemos dividir, somos uno con el universo y esto se manifiesta en el cuerpo, como en todas las cosas. Buda entendió que, en el equilibrio, en el cero, se encuentra la paz.

Así fue como el Buda fundó el "camino del medio". Ni en el mundo material ni en el mundo espiritual. Ni en el capitalismo ni en el comunismo extremos. Ni en Boca Juniors ni en River Plate. Ni en el agua ni en el aceite. En definitiva, para lograr la paz uno tiene que ser uno mismo.

Ahora... ¿Cuál es el equilibrio? ¿Dónde se encuentra el equilibrio? ¿Quién sabe cómo es el equilibrio? Es aquí donde los humanos pensamos en la dualidad otra vez. Creemos que no sabemos dónde está el equilibrio. En la India, encontrás millones de maestros dispuestos a contestar todas estas preguntas, son expertos en la materia. Aquí, en Occidente, pasa algo similar con tantos chamanes que te drogan con ayahuasca, sectas disfrazadas de espacios holísticos, fanáticos de las religiones tradicionales y también de la ciencia.

El único secreto es ser vos. El tema es que, desde que naciste, te dijeron que no eras suficiente, que estabas equivocado o equivocada. Que tus deseos, a lo mejor, eran egoístas, y vos

una mala persona porque no te gustaban algunos hábitos o tradiciones familiares. Te fueron pervirtiendo desde tu niñez. Suena mal, lo sé, pero fue así. Te obligaron a comer cuando no tenías hambre. A propósito de esto, ningún niño muere de hambre. Se conoce bien y sabe cuándo tiene hambre y cuándo está satisfecho. Pero, por miedo, los padres obligan a comer a sus hijos cada tres horas, las cantidades y cualidades (tipos de alimentos) que ellos consideran adecuadas.

Esto forma parte de un proceso de adoctrinamiento al que, sin mala intención, los padres someten a un hijo. Pensalo así: lo obligan a ir al colegio a las siete de la mañana, antes de la salida del sol. El niño tiene que levantarse, pero no quiere. Ansía seguir durmiendo un ratito más. Pero no, lo obligan a desayunar, a cambiarse e ir al colegio en invierno.

En el colegio, le exigen permanecer sentado en su banco. Él quiere vivir, saltar, tocar todo, chupar todo, rayar y jugar, reír y gritar, pero el docente lo reta, lo manipula. Al principio, hay muchos juegos, pero, poco a poco, van desapareciendo, dando lugar al academicismo.

En la secundaria, cada joven ya sabe lo que le gusta, pero lo juzgan con las mismas pruebas. Es como juzgar a un elefante por su habilidad de volar y a un pájaro por su habilidad de correr. El elefante se pierde de la belleza de ser un elefante, de ser un verdadero elefante con su trompa y sus colmillos. Niega su esencia para encajar. Y aquí hay dos oportunidades: o encaja y se niega, o no encaja y sufre por sentir que no vale por no estar en la caja. Nadie le dijo al elefante que ya valía y era suficiente simplemente por ser.

El joven se convierte en adulto y tiene que cumplir con los horarios del trabajo. Tiene que ir a eventos, fiestas y fechas conmemorativas. Tiene que ir a la iglesia los domingos, conservar la apariencia y mantener un estilo acorde a su edad. Ni la vestimenta puede elegir libremente. Se trata de un autómata que no sabe quién es.

Así de delirantes son las leyes del ego. Y estas leyes, asimismo, se expresan en los salvadores, en todos los gurús y prácticas milenarias que te dicen qué hacer o te exigen que te conviertas en alguien que no sos. Ojo, a vos te encanta, es lógico. Estos maestros reproducen la misma lógica que aprendiste apenas nacer: Yo no sé, el otro es el que sabe, yo estoy equivocado, el otro es el que me enseña. Es la mismísima conciencia de separación, es la esencia del pecado que divide en dos al mundo. Entonces vas detrás de algún maestro o filosofía, y seguís en la búsqueda de la felicidad. Vivís buscando y buscando. Incluso compraste este libro con el mismo objetivo.

¿Te doy una buena noticia? Mi propuesta es diametralmente opuesta: No busques más. No existen recetas ni hay una hoja de ruta. Solo vas a encontrar la paz cuando la dejes de buscar y solo vas a entender quién sos cuando dejes de engañarte siguiendo una vida que no te pertenece.

Buda nació cuando Siddharta entendió que el equilibrio hace a la belleza. Es el tazón de arroz con leche y canela cuando tenés hambre. Es el almohadón cuando te sentás. Y también es la tensión suficiente (ni en exceso ni en déficit) para que la cuerda se afine. El "camino del medio" es el cero, el equilibrio exacto que te mantiene en la cuerda en la que estás cruzando de un rascacielos a otro.

Buda nació en el preciso instante en el que descansó. Una persona puede descansar cuando está a salvo. Sentirse a salvo es una percepción muy íntima. Podés sentirte a salvo a bordo de un barco que atraviesa el ojo de un tifón. Por eso, el descanso de Mariana es tan bello. Ella descansó en su propia casa, en su propia vida. Transformó su percepción y, donde antes hubo guerra, ahora hay amor. Como el paralítico que agarra su camilla y se vuelve a su casa, Mariana regresa y ya no hay parálisis ni suplicio. Está tan segura de que la justicia de Dios es dar a cada uno lo que le corresponde, que ya no percibe su vida como a un suplicio. Su casa ahora es hogar y, por eso, descansó tan profundamente.

El descanso alimenta al Buda que se encuentra dentro tuyo, cuando dejás de esforzarte para transformarte en tu verdadera esencia. Es así como Mariana, sin la pesada culpa del pasado y de los mandatos ajenos, ahora se dispone a vivir su maternidad y su vida a su manera. Que no es ni mejor ni peor que otra, simplemente es su manera de ser y estar en el mundo.

Ya no hay más peregrinaciones ni cruces ajenas por cargar. Ya no hay metas por lograr ni desafíos por superar. El descanso es la primera señal de que algo está andando bien en tu vida. Es un cambio de percepción, es una señal de la vuelta a tu verdadero hogar: vos. Ya, sin esas pesadas mochilas, te disponés a encarar tu vida sin pensar en nada más que en tu propio sentir.

Observá como tu cuerpo se va relajando, como estás leyendo estas palabras cada vez más len...ta...men...te. Sentí como se van aflojando tus extremidades y los párpados... se vuelven cada vez más pesados. Sentí esa paz que se expande por cada átomo de tu cuerpo. Te estás empezando a diluir como una gota se disuelve en la inmensidad del océano. Sentí la paz eterna de Dios que te pertenece y te mece para que por fin te duermas.

El milagro siempre está sucediendo.

Es todo por hoy, necesito dormir. Te mando un abrazo.

CAPÍTULO V

El camino del medio

La historia de Buda me parece muy bella porque Buda es un estado de la mente. Buda es una posibilidad. Buda significa "el despierto" y en todos nosotros se encuentra la semilla para despertar al Buda que llevamos dentro. En el budismo mahāyāna se cree que todos podemos aspirar a la budeidad.

A mí me encanta la historia de Buda porque Buda es un ser humano, Jesús, en cambio, era hijo de Dios. Buda era Siddharta, un príncipe que tenía todo el dinero del reino. Y, por eso, también me gusta el apóstol Mateo, porque él era un recaudador de impuestos y luego se transforma. Para mí el problema con Jesús es que nos parece un ser superior. En la Biblia no se menciona mucho sobre la crianza de Jesús ni sobre sus desaciertos o metidas de pata. Jesús era hijo de Dios y era perfecto desde su concepción en el vientre de una virgen. No tuvo una caída o un viaje del héroe, él nació despierto.

Por eso, me gusta pensar que Jesús era un Buda y que Siddharta se hizo Buda. Jesús era una persona despierta, era una persona con una total consciencia de unidad. Para mí, era una persona igual a todos, solo que tenía un grado de consciencia del vacío y unión de todas las cosas del universo. Me hubiera gustado aprender que Jesús se hizo Jesús, pero solo se enseña que Jesús era perfecto. Lo cual es verdad, porque todo átomo es perfecto, entonces la crianza de Jesús y las miles de cagadas qué habrá hecho para llegar a su grado de consciencia también fueron perfectas. Pero, de nuevo, al no mencionar nada de su estilo de vida y solo priorizar sus enseñanzas, nos perdemos la posibilidad de entender que en cada uno de nosotros se encuentra la posibilidad de despertar al Jesús que llevamos dentro.

Creo que el cristianismo en su teología cometió un fallo al tomar, en el sentido literal, la expresión "Hijo de Dios" que decía Jesús en sus prédicas. En mi humilde opinión, Jesús, lo que estaba diciendo, era que él y todo eran producto de Dios. Él genera una filiación entre creador y creados, entre padre e hijo. Esta posición teológica no me gusta mucho porque genera dos, divide. Me gusta más pensar que no somos hijos de Dios, sino parte de Dios; que cada átomo es parte del reino y que todo es reino. El universo se encuentra en cada átomo.

Por eso, nos cuesta tanto, en la actualidad, empatizar con Jesús: no nos reconocemos como perfectos. Jesús es un ideal muy lejano. A mí me gusta pensar qué hacía Jesús cuando no predicaba y me gusta imaginármelo comiendo asados, bailando, riendo con amigos, contando anécdotas, jugando al fútbol, durmiendo la siesta y tocando la guitarra. Prefiero pensar que vivía el día a día como todos y que predicaba con la brillantez que lo distinguía.

Quizás, si nos hubieran contado con más detalles que Jesús era un ser humano común y corriente que experimentaba todas las emociones con hechos concretos, probablemente sentiríamos mucha más conexión con su mensaje. Para mí, el Jesús de la biblia es un Jesús simbólico que expresa en cada frase su unión con el Todo.

En Oriente, la cosa fue distinta. Como vimos en el capítulo anterior, conocimos a Siddharta y todo su camino para llegar a despertar al Buda que llevaba dentro. Y luego, ya despierto, se pueden encontrar cientos de textos que mencionan la tarea evangelizadora que tuvo el Buda durante décadas por toda India.

Para mí, las enseñanzas del Buda son importantes, pero me parece más interesante el camino que tuvo que atravesar para llegar a ser Buda, todo lo que enfrentó. La enseñanza más bella e importante de su vida es la creación del camino del medio. Esto es clave, trascendental.

Al camino del medio lo concibió por primera vez al encontrar el equilibrio entre lo material y lo espiritual. Lo sintió en esos jóvenes que tocaban laúdes con sus cuerdas afinadas, en el tazón de arroz con leche y canela cuando tenía hambre y en el cómodo almohadón para meditar y descansar.

Buda despertó cuando por fin dejó de seguir a Buda. Cuando por fin dejó de mentirse, de ser alguien que no era. Cuando por fin abandonó el mundo material y luego el mundo espiritual, pudo conectar de una manera íntima con su propia esencia.

Ese es el camino hacia la iluminación: ser vos. Y como todo es luz en el reino, como todo átomo es un puerto, como la justicia de Dios es dar a cada uno lo que le corresponde, tu coherencia emocional es el mayor regalo que le podés hacer al mundo y a vos. Siendo en completa sinceridad, vas a encontrar tu propio y subjetivo camino del medio hacia tu paz interior.

Siddharta pasó seis años con todos los maestros de la India. Y nunca fue tan infeliz como en esos momentos. Y como le pasó a Buda, también te va a pasar a vos. Todos van a tener una receta para darte. Pero, para mí, esas manzanas están envenenadas, esas nubes traen tempestades. ¿Por qué? En cuanto aceptás que alguien te diga cómo debés vivir y este vivir es disonante con tu verdad, vas matando poco a poco a tu coherencia emocional.

Siddharta lo entendió solo cuando su vida estaba a punto de finalizar gracias a su inconsciencia. El Buda nació cuando entendió que no hay secreto ni llave ni alquimia. Bueno, en realidad, sí, hay un secreto. Uno tan íntimo que nunca lo viste. Estaba cerca tuyo, se encontraba en tu casa, en tu habitación, en tu cama, dentro de tus sábanas y de tu cuerpo. El único secreto es ser vos mismo. Eso es todo. Ser vos o, en otra conjugación, Yo soy. Listo, eso es.

El regalo de Takashi Tamada

Hay un relato zen que me gusta mucho. Cuenta la leyenda que el joven Koan Tamada estaba feliz porque pronto cumpliría quince años. A esa edad, su abuelo, Takashi Tamada, había prometido revelarle el secreto de la iluminación. Al llegar a la casa de su abuelo, este le entregó un estuche de un anillo. Con emoción, Koan abrió el estuche, solo para descubrir que estaba vacío. En ese preciso instante Buda nació.

El sabio abuelo Tamada le regaló el secreto más importante de todos del zen: no hay secretos. El estuche donde se esconde el secreto está vacío.

La película *Kung Fu Panda* utilizó este relato para explicar el secreto milenario del dragón. Recomiendo con mucho énfasis que la veas, es una obra de arte. No es necesario leer pesados tomos ni ver películas complicadas, eso es ego espiritual. Lo más simple es lo más profundo y en *Kung Fu Panda* se encuentran muchas reflexiones del zen que son más que interesantes. Aunque parece una mera distracción para niños, es un poema visual sobre las enseñanzas del zen.

Una de las que más me gusta es el consejo que le da el Maestro Oogway a Po: Ayer es historia, mañana es un misterio, pero hoy es un regalo. Por eso se llama presente. ¿No es esta la esencia misma del zen? Nos perdemos en los recuerdos del pasado, y nos aferramos a las esperanzas y a los miedos del futuro. Pero la vida, la verdadera vida, sucede en el ahora, en el momento presente, en este aliento que estamos tomando.

El viaje de Po, el protagonista, es el viaje de cada uno de nosotros. En su búsqueda por encontrar su propósito, su verdadero ser, se enfrenta a la duda, a la inadecuación. Pero, en nuestro núcleo más profundo, somos exactamente lo que estamos destinados a ser. No hay necesidad de buscar validación externa, de mirarse en espejos ajenos. La aceptación de uno mismo no es un destino, es el camino.

Y entonces, llegamos al pergamino del Guerrero Dragón que, cuando se desenrolla, revela... nada. Un reflejo. Es el vacío del zen. El verdadero significado, la verdadera iluminación no es algo que se pueda encontrar en el exterior. Está dentro tuyo esperando ser descubierto, como un océano infinito en una gota de agua. Refleja tu rostro, a vos en total sinceridad, en total autenticidad.

La simplicidad tiene su propia melodía, su propia danza. Es, a través de las pequeñas cosas, como compartir platos de fideos, sonreír, escucharnos, que tocamos la esencia de la existencia. No necesitás rituales complejos para encontrar lo divino; lo divino se encuentra en lo mundano, en tu vida, en las cosas que te gustan.

La vida fluye, como un río incesante. Resistirse a esto crea sufrimiento y ese es el consejo que da la tortuga Oogway. Aceptar y fluir con la vida es encontrar la paz. Solo tenemos que dejar la ilusión del control y confiar en el universo. A veces, el universo puede sorprendernos, llevarnos en direcciones que nunca imaginamos. Pero, si confiamos, si nos rendimos al flujo, encontraremos belleza en cada curva, en cada esquina, en cada susurro.

Dentro de cada ser hay un potencial ilimitado, una chispa divina. No importa cuán oscuro parezca el pasado o cuán incierto el futuro, en el presente, tenemos el poder de transformarnos y ser todo lo que estamos destinados a ser.

La historia de Po es la historia de un ser vivo que quiere abandonar todas las pesadas mochilas que le cargaron, para conectar con su propia esencia. Po reconocía y admiraba las habilidades de Tigresa, de Mono, de Víbora, de Grulla y de Mantis. Todos tenían virtudes, pero él no reconocía ni una propia. Estaba tan negado, estaba tan en la polaridad de la comparación, que no se permitía encontrar la belleza y el poder que suponían ser un panda. Cuando por fin se acepta, cuando por fin entiende que no hay nada de malo en ser uno mismo, que el secreto es "nada", libera su potencial y se transforma en el Guerrero Dragón.

El Buda entendió bien esto al liberarse del hedonismo y del ascetismo, dos extremos. Tras su iluminación, decidió hacer su propio camino, el camino del medio. Desde mi más humilde y sentida opinión creo que esa es la llave hacia la iluminación: ser vos y nada más que vos.

Te mando un abrazo.

CAPÍTULO VI

Aceptando(me)

Mi vida es muy solitaria, la mayor parte del tiempo estoy alejado del mundo de las personas. No lo digo de una manera triste o negativa como muchos creen.

Te escribo de esto y me viene el recuerdo de aquella vez que estaba en una cafetería merendando solo, cuando llegó una seguidora y se lamentó diciéndome: Ay, Francisco ¿cómo vas a estar merendando solo? Moza, traeme la carta que voy a merendar con él para que no esté solo.

La cafetería estaba llena y todos estaban mirando la obra improvisada que estábamos generando. Soy muy tímido, por lo que la situación me causó mucha incomodidad. Le agradecí porque, para ella, la soledad, el hecho de merendar en solitario, era una tragedia. Y, de corazón, quiso darme lo que le hubiera gustado recibir. Por esa razón, se sorprendió cuando le dije que no era una tragedia estar solo, que lo verdaderamente trágico hubiese sido estar acompañado y sentirme solo. Estoy en una cita conmigo mismo, me trato con cariño, con amor, hago buenos planes, disfruto mucho de mi soledad, y quiero seguir merendando solo, le expliqué. Ella se quedó recalculando y tomó consciencia de la situación. Nos despedimos y seguí merendando solo y feliz.

La mayor parte de mi día estoy solo. A mis amigos no los veo en meses y con mis padres, que viven a unas cuadras de casa, almuerzo durante el fin de semana, e incluso a veces eso me sofoca y les aviso que no iré.

Estar con otros me demanda mucha energía mental, termino con un cansancio muy grande. No es que me caigan mal las personas ni mis amigos o familia, simplemente tengo la necesidad de tomar distancia. Quizás mi distancia es mayor a la media, pero sigue siendo válida.

Durante mucho tiempo me dolieron las críticas de mis seres queridos ante mi resistencia a verlos y hacer planes juntos. Una relación necesita de acuerdos y de tiempos, yo trato de darlos en la medida en que me nacen, para que sean genuinos. Cuando hay un cumpleaños, alguna celebración, tragedia o para las fiestas, estoy presente porque me hace bien y sé que a los demás también. Si bien preferiría estar solo en esos momentos, salgo y comparto esa alegría, ese dolor o tristeza, porque sé que al otro le hace bien y a mi me hace bien verlos bien.

Durante muchísimo tiempo no sabía decir que no, y asistía a eventos, reuniones o encuentros que no me hacían bien. No tenía nada que ver con los otros, el problema era que yo mismo me autoagredía sosteniendo una identidad que no era mía. Te digo y me digo: No tiene sentido hacer las cosas sin amor. Estar donde no querés estar es una agresión muy deshonesta con el otro y con uno mismo.

Para mi entorno, la distancia siempre supuso algo negativo. Me tildaban de egoísta o frío y, por mucho tiempo, creí que era así. Hoy sé que no es verdad, soy una persona muy sensible, trato siempre de contribuir a que mis seres queridos estén mejor y deseo con todo mi corazón que cada uno se encuentre bien. Pero me agobia la cercanía, no la disfruto. Mis caras son indisimulables, no puedo ocultar mi incomodidad cuando aparece.

Me costó mucho tiempo amigarme con el hábito de decir que no, amigarme con la distancia. Pero valió la pena, fue un placer, un alivio. Les expliqué a todos que necesito distancia. No es que ellos hayan hecho algo malo, sino que necesito esa distancia para entregarles algo genuino y que priorice a su vez mi bienestar emocional.

En estos momentos, tengo los amigos que quiero y que me eligen. Nos vemos poco, pero los encuentros son muy sentidos, hay un amor profundo en cada risa, en cada momento. Ellos ya no insisten ni invitan mucho. Yo les agradezco que hayan respetado esa distancia y hayan entendido que el amor no necesita de la frecuencia. Uno puede ausentarse por años y que, al regresar, la fraternidad siga intacta.

Mi familia también entendió que no es que no los quiera ni tenga algo contra ellos, sino que me agobia estar mucho tiempo a su lado. Hoy aceptan que puedo dar el tiempo que puedo, que no es ni malo ni bueno, es el tiempo que me nace del corazón dar. Y saben, a base de acciones, que si algo pasa, ahí estaré presente porque su confort también es mi confort.

A los ojos del ego, una persona que sigue su coherencia emocional es una persona egoísta. Siempre me hice preguntas al escuchar reclamos: ¿Quién es el verdadero egoísta? ¿Yo que hago lo que siento con mi vida y no le exijo nada a nadie, o el otro que quiere que haga lo que él cree que tengo que hacer? Cuesta mucho trabajo invertir el pensamiento, fueron muchos años de adormecimiento. Nos programaron para obedecer, para matar nuestra singularidad y creer que está bien lo que piensa el resto y no lo que creemos que es justo para nosotros.

Yo no sé lo que está bien o está mal en el universo. No soy Dios ni quiero serlo, no voy a seguir repitiendo el pecado de Adán. Yo voy a vivir mi vida, mi única vida, y la voy a vivir siendo yo mismo. No voy a gastar mi vida siguiendo la vida de otra persona. El tema es que muchos quieren vivir su vida como les plazca, pero quieren que todos estén subordinados a sus órdenes. Y no, no funciona así.

Vos tenés la obligación de seguir tu vida y el otro tiene la obligación de vivir la suya. No te tiene que interesar en lo más mínimo qué hace o deja de hacer el otro. Vos no sos nadie para juzgar y el otro no es nadie para juzgar. Como afuera no hay nada, como no hay destinos hacia dónde dirigirnos y todo átomo es un puerto, podés hacer lo que sientas que está bien para tu vida, y el otro puede hacer lo que quiera con la suya.

El camino del medio, como ya hemos dicho, es tu verdad, tu forma de lograr la paz. Y cada ser humano tiene un propio y único camino del medio por transitar. No sos nadie para juzgarlo, y si el juicio brota será una oportunidad para observar qué creencia e información inconsciente estás proyectando en ese juicio. Ya que, antes de haberlo visto afuera, ese juicio ya se encontraba incrustado dentro tuyo.

Creo que la paz mundial se va a lograr cuando una inmensa mayoría de seres humanos se anime a transitar su propia vida y deje por fin los mandatos de los otros.

Cuando por fin estás haciendo tu vida, sentís una extraña paz a lo largo del camino, en todas las polaridades. Te deja de importar lo que hace tu vecino, porque tu vida es tan hermosa y vos estás tan extasiado que no tenés un solo segundo para distraerte en algo tan extraño como son los gustos ajenos.

Los gurús, la política y las sociedades nos dicen: Tenés que sacrificarte por el otro, la paz requiere de un esfuerzo de todos. Y
es así como un par de infelices multiplican la infelicidad como una virtud digna de ser vivida, para que todos estén supuestamente mejor. Pero, en realidad, incentivan lo contrario.

Hoy tenemos cada vez más riquezas, pero los índices de felicidad, bienestar emocional y paz siguen empeorando. Por eso, la salida a toda esta enorme distorsión no es hacia afuera. Hay que invertir el pensamiento, la salida es hacia adentro. Es entendiendo que siendo vos en total honestidad vas a dejar de joder a los demás con mandatos y obligaciones que no sienten. Vas a sentir tal éxtasis, que los caminos se transformarán en metas constantes y ya no vas a esperar que algo externo te llene, porque vas a estar lleno en todo momento.

Aprender a decir que no provoca mucho miedo, pero animate, porque los beneficios son enormes. Al principio, vas a sentir mucha culpa, vas a sentirte un pecador, una mala persona. Tu alrededor va a querer corregir tu comportamiento y transitarás un camino muy solitario. Pero, con el tiempo, tras muchos "no" sostenidos, vas a ver como todo se ordena de a poco. Las personas que de verdad te quieren van a entender que vos sos así y van a aprender a quererte. Será un reaprender para vos y para los que te rodean que, con el tiempo, van a aceptar tu amor. Y las personas que nunca te quisieron se van a alejar, haciéndote un favor.

El problema de conformar a todos es que atraés a todo tipo de personas que no tienen el menor interés en tu yo genuino, sino que están más conectados con la careta y el disfraz que te pusiste para agradar.

Con tus "no" vas a empezar a allanar el camino. Vas a liberarte de las personas que no están interesadas en vos y vas a permitir que puedan conectar con aquellas que sí se ajustan a tus valores e intereses.

Al principio, se necesita de un esfuerzo grande. ¿Por qué? La distorsión que, en el pasado, generó la idea del sacrificio se va a aferrar como una garrapata y no va a querer irse sin antes pelear. Para ello, va a utilizar sus mejores herramientas y trucos de manipulación para que sigas sacrificándote, siendo alguien que no sos.

El momento inicial es el más difícil de todos. En él, el milagro y el pecado se encuentran luchando. Tu milagro es una leve luz que está titilando y te transmite que no hay nada de malo en ser como sos. Recordá siempre que el milagro es una percepción de unidad, es ver a todo el universo como uno. Es no juzgar tu pasado, ni a vos, ni a tu sentir, ni al otro, ni a nada.

Esa luz va a brillar con más fuerza dentro tuyo cada vez que reconozcas un milagro en el afuera. Cada vez que reconozcas los milagros que ocurren en tu vida vas a poder entender los enormes beneficios que conlleva dejar de juzgar. Esos "no" que vas a empezar a decir a otros son los "sí" que te vas a decir a vos.

Pronto vas a entender que el sufrimiento aparece cuando no aceptamos al momento presente tal cual es. De a poco (acordate que, en el "de a poco" está la clave), vas a percibir a los acontecimientos como simples expresiones que carecen de significado propio. Vos das un significado a todo lo que ocurre. De a poco, vas a captar las señales del milagro en todas las cosas que ocurran.

Esos "no" van a repetirse y ya no van a pesar tanto. Con la idea del milagro dentro tuyo, los "no" van a brotar por sí solos. Vas a entender que son bellos y que son una expresión de amor. Amor por vos y amor por el otro, a quien le estarás regalando la verdad para que pueda decidir por su cuenta qué hacer. No vas a seguir manipulando, no vas a estar especulando, vas a decir que "no", agradeciendo lo que te proponen, pero decidiendo si eso va o no va con tu esencia.

Lo más curioso de conectar con tu coherencia emocional es que los "sí" se vuelven tremendamente honestos. Cuando entiendas y pongas límites, vas a sentir también el amor que hay en los "sí" que das y te das. Cada encuentro va a ser una fiesta porque vas a querer estar ahí, te vas a sentir bien, en plenitud, tu rostro va a estar sonriendo, convocando a todos a esa risa. Tus allegados en la cena familiar, el evento social o el asado van a saber que estás ahí porque te nace del corazón y querés estar, y no porque debés o tenés que estar ahí, siguiendo un mandato.

A la larga, los "no" y los "sí" van a perder peso e importancia. Todos los caminos van a ser indistintos. Vas a ser vos y vas a vivir tu vida. No te va a importar lo que hace el otro con la suya, vas a vivir en sintonía con tu esencia.

Esta enseñanza fue fundamental para desapegarme de una etapa que me hizo mucho daño. Como ya te dije, no era bueno en nada y vislumbré en la política la oportunidad de ser alguien. Durante gran parte de mi vida adulta, la política tuvo un rol preponderante. Todos mis días estaban subordinados a esta misión. Mientras más profundizaba, más infeliz era, pese a que había alcanzado una buena posición, era respetado, valorado y mi aporte era significativo para la mejora de muchas personas en mi ciudad. No obstante, el vacío seguía existiendo. Me había convencido de que algún día se llenaría, pero no sucedió. Lo mismo pasó con la obesidad: pensaba que iba a ser feliz cuando bajara de peso, pero la felicidad tampoco se encontraba en el cambio físico.

Recuerdo que la decepción fue total. La felicidad no estaba en ningún lugar. Había puesto mi vida al servicio de la búsqueda de la felicidad y no había sido capaz de hallarla, de sentirla.

Pasé años de mi vida pensando que, si me esforzaba y alcanzaba mis sueños, lograría por fin acallar esas voces que se multiplicaban en cada noche de domingo. Los domingos, para una persona que no vive, es el peor día de la semana, en especial a la noche. Generalmente, los domingos son días de descanso, incluso Dios descansó al séptimo día. El domingo no requiere de planes, la nada es el plan. ¿Cuál era mi problema cada domingo? Cuando no vivís acorde con tu verdad, el hecho de parar, aunque sea un día, puede ser desolador. En el silencio de la quietud puede aparecer esa angustia sofocante que te abraza y te recuerda lo desdichado que sos al no estar viviendo tu verdad.

Curiosamente, estoy escribiendo estas líneas a las 21:56 de un domingo y me siento en paz. Estoy en el sillón con el cinturón desabrochado del jean, las zapatillas tiradas por el piso, escuchando música de jazz, mis pies apoyados en un futón y mi gatito, el Sr. Pantuflas, a mi lado, haciéndome compañía. El único problema que tengo es que tengo sed, quiero ir a tomar una Coca-Cola, pero no quiero, por eso, cortar la inspiración. Estoy tranquilo, disfrutando plenamente de este momento, mientras recuerdo lo distinto que me sentía cuando ubicaba la felicidad en cualquier objetivo futuro (como la zanahoria que motiva al conejo, pero a la que este nunca llega).

Los domingos, en especial, a la noche, son hoy mis ratos preferidos dentro de mi semana, son una fiesta. Están llenos de paz. Antaño eran una tragedia, se me hacía un nudo en la garganta al saber que tenía que arrancar otra semana en esa agobiante vida que no me pertenecía, aunque yo la había forjado. Mis padres en esto fueron muy tolerantes y me apoyaron, incluso en los peores momentos; mis amigos también. Yo solito había elegido esa vida tan mediocre. Y digo "mediocre" porque así era. No hay nada más mediocre que vivir una vida con gusto a poco. ¡Qué pena es pasar los años sin habitarlos!

Por fortuna, luego de buscar y buscar, luego de alcanzar todas las metas, me di cuenta de que ninguna meta me iba a dar la felicidad. Me di cuenta de que la búsqueda sólo es una ilusión del ego. Y así como Siddharta mandó a la mierda a los ascetas, Jesús mandó a la mierda a los Maestros de la Ley Sagrada y Mariana mandó a la mierda a sus padres para criar a su hijo a su manera, me dispuse, por primera vez, transitar el camino de ser yo.

Llegó un momento en que tenía todo y, a la vez, no tenía nada. Ya no sabía dónde más buscar. Pero, atención, mi ego sí sabía. Me decía que, si tenía un mejor cuerpo, un mejor cargo, una mejor posición económica y prestigio, alcanzaría la felicidad. De todos modos, dentro mío tras haber alcanzado tanto y haber conseguido tan poco a nivel humano o anímico, me convencí de que, si seguía buscando, iba a seguir contribuyendo a una estafa emocional. Porque las inseguridades no se tapan con cosas exteriores.

Así, poco a poco, me fui desprendiendo de todo. Ya no tenía sentido hacer política. Poco a poco, me fui yendo, me fui apartando, fui quitándole horas que dediqué a descansar, divertirme y leer. Poco a poco, me fui desprendiendo de la ilusión de tener un cuerpo perfecto. Pasé de comer solo arroz, pollo y brócoli e ir a cumpleaños con mi táper "saludable" a comer variado y rico. Me entregué al placer de los sentidos y fue una experiencia muy agradable.

En especial, me animé a conectar con mi vulnerabilidad. Durante años le había tenido mucho miedo a expresar mis sentimientos y mis reflexiones. Me daba vergüenza, sentía que todos me iban a criticar por eso. Me había ocultado por miedo al ridículo. Pero el hecho de haber logrado y no alcanzado, me hizo dar cuenta de que no era necesario seguir buscando. Ahora solo iba a seguir mi propia vida, iba a ser lo que a mí me gustaba. Y lo que me gustaba estaba muy lejos de la vida que había construido hasta entonces. Poco a poco, fui armando mi espacio de reflexiones en distintas redes sociales. Dejé de hablar de obesidad y empecé a compartir todo lo que siento y cómo veo al mundo.

De a poco, fui creciendo, empecé a dar sesiones de filosofía, a generar videos, textos, contenidos y más contenidos que veían la luz, aunque con nulo resultado. Esa luz de coherencia todavía era débil, pese a que quería brillar con fuerza. Poco a poco, mi vida se llenó de filosofía y reflexiones. El día no me alcanzaba para hacer todo lo que quería hacer, y tuve que tomar una decisión.

Tiempo de decisiones

Renuncié a mi trabajo de funcionario político en plena pandemia. Estaba siendo deshonesto conmigo y con las personas que confiaron en mí para ese puesto. Tandil y yo nos merecíamos algo mejor.

Como imaginarás, todos me criticaron, alegando que no era prudente dejar un trabajo y, menos aún, en tiempos de tanta incertidumbre. Dentro mío habitaba el miedo, aunque estaba seguro de que había tomado una buena decisión. Ya no me hallaba en esa rutina, en ese trabajo.

Me costó ser firme en esta nueva etapa de mi camino. Nadie entendía, todos me decían que estaba loco. No me importó. Fundé una empresa de comunicación y conseguí algunos clientes. Si antes ganaba digamos simbólicamente 100, ahora ganaba 70, es decir, un 30% menos, en un país donde la inflación superaba el 100% anual. Más allá de todo y de todos, yo estaba contento. Estaba convencido de que esta nueva forma de trabajar me iba a aportar mucho más tiempo para hacer lo que sentía.

Poco después, mi vida se tornó cada vez más difícil. Mis redes no impactaban y las deudas se acumulaban, al igual que las críticas. En perspectiva, hoy tengo claro que todavía tenía mucho miedo de mostrarme y, por lo tanto, los contenidos que ofrecía no tenían un valor diferencial (algo que los destacara de entre miles de millones de propuestas, dentro del mundo digital). Si yo no creía en mí, los demás tampoco iban a creer en que esto iba en serio.

Con el paso de los meses, el mundo se me vino abajo, ya no había mucho margen. No podía volver a ningún lado, había quemado las naves. Si esto no funcionaba, tendría que enterrar mi sueño.

Mis videos grabados con un celular antiguo eran malos, no sabía de edición y todo era muy amateur. Fue entonces, cuando, entre la espada y la pared, tomé otra decisión arriesgada. Le escribí a un amigo, Juan Estay, alias Kenzie, que hace videos, y le dije que quería hacer dos videos por día. Kenzie se apiadó de mi situación y me pasó un precio irrisorio simbólicamente de 40. Recuerden que yo había pasado de ganar 100 a 70 y ahora tenía que pagar 40, por lo que me quedaban 30 para vivir en un país en el que, de mínima, necesitás 230 para subsistir y que "no te tape el agua".

Acepté con gusto su propuesta; sabía que no iba a conseguir otra oportunidad de ese estilo. No lo dudé, pero a mi alrededor todo fue un tormento. Nadie confiaba, mi entorno me decía con lástima: Estás loco, dejá de perder tiempo y dinero. ¿Entendés? Mis padres, amigos y conocidos me decían que abandonase mi sueño con pena.

No me importó, sabía bien que todos esos consejos eran mieles de veneno. No podía escucharlos, tenía que seguir firme. Y, a pesar de toda la incertidumbre, la pobreza que vivía y el riesgo que había asumido, fue uno de los momentos en los que más paz sentí. Tenía que apostar todo a seguir, por primera vez, a mi coherencia emocional. Tenía que darlo todo porque, de otra manera, me moriría en vida.

Durante meses viví con 30, en vez de 230. No tenía dinero ni para comida. Por suerte, tenía una alacena llena de alimentos no perecederos. Comía arroz, a veces, atún, arvejas o avena. Hasta el Sr. Pantuflas tuvo que ajustarse el cinturón: le cambié su alimento balanceado por uno más barato. Si bien la situación era desesperante, yo estaba tranquilo, sabía que no tenía que perder ni un minuto. Estaba en paz.

Los videos empezaron a salir y, poco a poco, mis redes fueron creciendo. Yo seguía escribiendo guiones, haciendo videos, yendo a grabar, a trabajar y recibiendo consejos de que renuncie porque hacer videos es tirar la plata.

Con Kenzie grabábamos un solo día a la semana en un estudio que un conocido nos prestó muy gentilmente para ayudarnos. Un día que llovía torrencialmente, no tenía dinero para el taxi y no podía faltar. Faltar era sinónimo de pasar una semana sin videos. No era posible, no era una opción. Puse ropa en una bolsa de consorcio negra, me la até y subí a la bicicleta. Era invierno, estación en la que, en Tandil, hace mucho frío, y más con lluvia. El viento sacudía mi bicicleta, los autos me salpicaban. Pero yo estaba en paz. Por primera vez, estaba jugándomela por mi corazón, por lo que creía que era lo que sentía que tenía que hacer. Recuerdo que estaba riendo y llorando a la vez. Me decía: Perdiste tanto tiempo siguiendo la vida de otros o la de tu ego... Ahora, por primera vez, estás animándote a hacer lo que sentís que es tu verdad. Disfrutalo, las lluvias y los días nublados son necesarios para que la vida se desarrolle.

Desde entonces, e incluso hoy, mi proyecto atraviesa una etapa de mucho hacer, de mucho desgaste físico y mental que, por suerte, no me pesa. Hago lo que amo. Hay una sensación de calma y de paz que me permite avanzar sin problema.

Por experiencia, te digo que no escuches a los demás cuando sientas que tenés que hacer algo. Los seres queridos son las personas que más te van a impedir conectar con tu sueño. Son esos Maestros de la Ley Sagrada que tanto combatió Jesús, los ascetas que siguió Siddharta y esas creencias que limitaban a Mariana. No lo hacen de malos, solo te están protegiendo.

¿Cómo sigue mi proceso? Con el tiempo, me empezó a ir bien. Las reflexiones empezaron a llegar a cientos, luego a miles y después a más de un millón de personas. Empezó a entrar dinero. La rueda empezó a girar y las críticas, a mermar. De repente, todos confiaban en mí y en el proyecto. Como por obra y arte del espíritu santo, todos creían en mi verdad.

Mis padres fueron los últimos en dejar de dudar. Criticaban cada paso que daba para desprenderme de mi vieja vida. Una vez invité a mi madre a merendar a un local de tortas muy ricas de mi ciudad. Ella me aconsejaba no renunciar a ningún trabajo, me decía que lo que hacía era muy volátil. Nunca me dolieron sus críticas porque sabía que me las daba con amor, pero era el amor del ego, de la zona de confort (no quería verme sufrir).

Luego de escuchar durante veinte minutos los motivos por los cuales no seguir a mi coherencia emocional, le dije:
—Ma, ¿es verdad que te casaste con papá a los tres meses de conocerse?—. Ella dejó su taza en el platillo, con sus ojos brillando y sonrió antes de responder:
—A los tres meses, me pidió matrimonio y nos casamos a los cinco.
—¿Y qué te dijeron tus padres?
—Qué estaba loca, que me iba a arrepentir por tomar una decisión tan apresurada.
—¿Y tus hermanos qué opinaban?

—Que me iba a divorciar rápido porque no lo conocía.
—¿Y vos lo conocías?

La mesera se acercó a la mesa de al lado a entregar un pedido y el murmullo del café empezó a bajar. Sin pretenderlo, mamá y yo, éramos el centro de la escena.

—Sí, no había pasado mucho tiempo, pero sabía que tenía un gran corazón y era el hombre de mi vida.
—¿Y tus amigos que te dijeron al contarles que, a los cinco meses de conocerlo, te ibas a casar?
—No estaban de acuerdo, me miraban raro.

Me acomodé en mi silla, tomé un sorbo de café y le dije mirándola a los ojos:

—Ya pasaron treinta años desde que te casaste con papá y siguen juntos. ¿Qué hubiese pasado si no hubieras seguido a tu coherencia emocional?

Ella me miró profundamente, suspiró y contestó:

—No lo sé, seguro me hubiera arrepentido de no haberme casado con él.

Hizo un silencio mientras miraba por la ventana a los autos pasar. Ella estaba intrigada y meditativa ante la pregunta. Luego de unos segundos, permití que el aire ingresase por mis pulmones y le dije con mucho cariño, pero con certeza:

—Bueno, ¿ahora entendés qué es la coherencia emocional? Tus seres queridos te dan el consejo que ellos sienten que es el mejor, según sus creencias. Probablemente yo te hubiera dicho lo mismo, que esperases un poco más. Pero yo no soy nadie para decirte qué hacer con tu coherencia emocional y con tu vida. Vos, y solamente vos, sabés cuál es tu verdad. Y si tenés un sueño, cuidalo, abrazalo, y no permitas que nadie te diga qué hacer con él. Porque cuando llegue el final, nos vamos a arrepentir más por lo no hecho, que por lo hecho. Por eso, ma, si querés, seguí poniendo piedras en el camino, pero no me vas a detener. Yo voy a seguir andando, voy a seguir avanzando en lo que amo. Podés estar conmigo o podés mirar de costado. Mi trabajo para sanar la herida familiar del miedo a emprender, a seguir a la propia verdad, se fundamenta en mi firme decisión de no hacerte caso y desoír todos tus consejos. Porque provienen del miedo que te enseñaron. Siguiendo a mi verdad, voy a sanar a mi corazón y también voy a sanar tu corazón y el de todos nuestros ancestros, al demostrar que puedo vivir de lo que realmente amo.

Desde esa tarde, desde esa merienda, mi madre no volvió a criticarme y me apoyó de la manera que pudo.

Poco a poco, me fui desprendiendo de clientes para dedicar más tiempo a lo que amaba. Ya, a principios de noviembre de 2022 me quedaba uno solo. Este cliente era y es un gran amigo. Yo me porté muy mal con él porque no le rendía. Me tuvo mucha paciencia, muchísima. Él quería, por todos los métodos posibles, que me quedase a su lado, me ofreció miles de opciones irrisorias, que nadie hubiese rechazado. Pero mi corazón ya estaba en otro lado.

Un día lo invité a tomar un café. Ahora que lo pienso al escribir esto, la invitación a merendar es un espacio amigable que encontré para contar noticias duras. Así es que ya saben... ¡Si los invito a merendar tengan cuidado!

A esa merienda habíamos llegado con los nervios un tanto alterados. Yo le había expresado mi dimisión cuatro veces, y él la había desestimado. Yo quería terminar la relación laboral lo más rápido posible porque no quería deteriorar la amistad que nos había unido hasta entonces.

A la cafetería, llevé mi computadora, la misma con la que estoy escribiendo esto. Le mostré mi calendario, le enseñé toda mi rutina y le expliqué que el tiempo que le podía dedicar a él se resumía a dos horas a la semana. La conversación fue así:

—Este es el tiempo que te puedo dar.

Él observó mi propuesta y, con un tono amable, me dijo:

—Lo entiendo, pero no es aceptable. Muchas personas trabajan ocho horas todos los días por lo que te pago.
—Tenés razón, coincido con vos. Vos no te merecés esto. Tenés que buscar a alguien que esté en sintonía con tu verdad, con tu coherencia emocional.
—Quisiera que te quedaras, te di todas las posibilidades que se me pueden ocurrir, y no reaccionás.
—Querido amigo no puedo mentirme ni mentirte. Mi verdad no está acá. Estoy muy agradecido por tu amistad, tu confianza y tu tolerancia en este último tiempo en el que estuve alejado de vos. Realmente fui un mal empleado. Pero tengo que ser fiel a mí. Estar alejado de tu verdad no significa que tu verdad sea peor o mejor que la mía. Es tu verdad, y es perfecta. Yo tengo la obligación de seguir la mía, y no hay nada, absolutamente nada, que me una a tu proyecto. Ojo, muchas personas estarían deseando estar en sintonía con tu ideal de vida, pero este es mi tiempo de soltar. Si yo me libero, vos te liberás, y si vos te liberás, yo me libero. Te agradezco profundamente todas las enseñanzas recibidas y los momentos vividos. Los voy a atesorar en mi corazón, pero debo seguir, debo avanzar en mi verdad. Esta vida que formé ya no me representa y tengo que dejarla atrás. La vida nos unió por un momento, y ahora toca a cada uno seguir su camino. Ya no hay nada que me ate a vos y, por eso, te deseo lo mejor, porque al desearte lo mejor también me estoy deseando lo mejor a mí. Gracias por todo.

Hay veces en las que nos quedamos en lugares (físicos o emocionales) y/o con personas que ya no pertenecen a nuestra coherencia emocional. Eso no quiere decir que antes no lo hayan hecho, sino que mutamos. Somos seres humanos, la coherencia emocional es un juego de equilibrio en el que el equilibrio de ayer puede que no sea el equilibrio de hoy, y puede que, en un futuro, el equilibrio actual tampoco lo sea. Solo podés saber que hoy sentís esto.

Como te venía diciendo, muchas veces nos quedamos, nos aferramos a lo viejo, y no dejamos nacer a lo nuevo. Nos quedamos con culpa, sufrimos en un lugar o con una persona con la que no queremos estar, por miedo a hacerla sufrir. Esto es tremendamente violento con uno y con el otro. Muchas personas viven afligidas porque no aman a su pareja, pero no la pueden dejar, cuando el mayor acto de amor que podés dar a tu pareja es dejarla ir cuando ya no sentís amor. Dejarla libre y ser vos libre. No hay nada de malo en no amar a tu pareja, sos un ser humano. Pasa, insisto: no es malo. Cambiaste, sentís otras cosas, tenés otras prioridades... Listo, es eso, no lo conviertas en un problema. Todo átomo se encuentra en el lugar que tiene que estar. Dar y recibir son expresiones idénticas en la unidad. Por lo que das, recibís. Si vos das libertad, también te das libertad. Si vos le deseás lo mejor al otro, también te estás deseando lo mejor a vos. Y esto se expresa lejos, separados, cada uno transitando su camino para conectar con su verdadera esencia, que hoy ya no representa un camino juntos.

Verdaderamente, lo único que está mal es no seguir a tu propia coherencia emocional. Es fingir algo que no sos porque también te estás engañando. Sos un impostor, un estafador, un mentiroso yendo a dormir con alguien con quien no querés dormir. Es una tragedia, es lamentable, porque estás siendo alguien que no sos y, por lo tanto, te estás agrediendo y agrediendo a tu pareja.

Pero si dejás de juzgar al universo, si te permitís ser en total esencia, vas a entender que es tiempo de dejar ir a tu pareja para que vos y esa persona puedan recibir el amor que merecen. Por eso, al otro día de ese café, mi último cliente me aceptó la renuncia y terminamos nuestro vínculo laboral. Hasta el día de hoy seguimos hablando y saliendo a cenar con este querido amigo al cual quiero y admiro muchísimo.

Al fin libre, me dispuse, por primera vez, a transitar mi propio camino, a ser el jefe de mi propia empresa. Y así fue como inicié mi camino sin ataduras del pasado. Me liberé de todo, con mucho miedo, pero con una certeza de paz que me ayudaba a dar cada paso. Renuncié cuando tuve claro que mi proyecto era factible (no iba a ser tan boludo de tirarme a una piscina sin agua), pero di cada paso sabiendo que cada átomo es un puerto, por lo que, incluso el dolor o los malos momentos, iban a ser la enseñanza necesaria para ser quien soy.

¿Cuál fue el siguiente paso? A Kenzie lo contraté a tiempo completo y con un buen sueldo. Así también a mi hermano. Luego, sumé a otras tres personas y fuimos creciendo.

Ojo, no fue un camino sencillo. Salir de la zona de confort no es algo fácil y tampoco creo sano romantizar y decirte que todo

fue color de rosas. Sentí ansiedad, aumenté de peso y tuve miedo. Fue y es algo difícil, pero no me pesa. Siento miedo a cada paso que doy, pero avanzo igual (ya no me paralizo), convencido de que siempre que elijo dar un paso hacia mi verdad, el universo conspira para que llegue la abundancia.

Cuando empecé a decir "no" pude poner límites y dejar lo superficial atrás, para quedarme con lo más íntimo: mi verdad. Pasó algo muy interesante, una señal quizás para ratificar que había elegido el camino correcto. Al momento de escribir esto, en la soledad de mi departamento, "pesqué" una enseñanza. Te la comparto.

Mi planta zen

Para mi cumpleaños me regalaron una planta conocida como oreja de elefante. Es una planta muy linda, su nombre es muy gráfico, ya que saca de un tallo una hoja muy grande, similar obviamente a la oreja de un elefante. En verano, tuvo cuatro hojas (es muy interesante observar el crecimiento de esta planta). Cada una estaba en un estadio vital distinto. Una estaba naciendo, otra estaba en su máximo esplendor, otra estaba decayendo, y la última, muriendo. Cuando la hoja que estaba muriendo llegó a su final, un bulbo verde nació para darle paso a otra hoja nueva.

Como ya te adelanté en este libro, el opuesto a la vida no es la muerte. La vida no tiene opuestos. El opuesto a la muerte es el nacimiento, y todo el tiempo estamos muriendo y naciendo. La vida necesita de esta danza ancestral, necesita del equilibrio, necesita que lo viejo se vaya para que lo nuevo nazca. Y yo creo que esto se aplica muy bien a las etapas de nuestra vida. Es necesario saber decir "adiós", es necesario dar vuelta la página. No se puede construir un edificio en un terreno donde todavía existe una casa. La destrucción es algo bello, de hecho, para mí, lo primero que existió en el universo fue la destrucción. El concepto de creación creo que es un capricho humano, no creo que sea necesario un punto de origen. Creo, más bien, que el universo se fue gestando, incesantemente, a base de destrucciones y generaciones. En ese juego eterno se encuentra la dicha del mismo universo.

Es necesario aceptar la impermanencia de todas las cosas y momentos. Estamos en cambio constante, y para que la vida se desarrolle, se necesita terminar etapas que ya no suman. No creo que sea necesario arrancar las hojas que están muriendo. Para mí, eso sería una manipulación. El proceso de la planta es perfecto, tiene sus tiempos perfectos. Cada hoja va a vivir el tiempo que tenga que vivir, ni más ni menos.

Muchas personas, al ver las fotos de mi planta, me aconsejaban que le arrancase las hojas amarillas o secas. Yo, en ningún momento, acepté estas recomendaciones. Si bien se puede alegar que así la planta se vería beneficiada al destinar energía a las hojas sanas, yo creo que estaría matando la esencia de mi planta.

Una planta es todo, su nacimiento, su esplendor y su decrecimiento. La muerte participa de la vida, y si solo me quedo con lo verde, con lo positivo, me estaría perdiendo de la belleza total de la planta.

Hay un cuento zen muy lindo al respecto. Un rey contrató a un monje zen para que le enseñase a tener el jardín perfecto. El monje le enseñó y le dijo que iba a volver en cinco años para ver si el rey había aprendido las enseñanzas del zen.

Cinco años después, el día que llegó al palacio, el monje observó que el jardín estaba cuidadosamente presentado. El césped era verde y estaba cortado con precisión; los árboles, rebosantes de frutos. Todo en el jardín era orden. El monje, al ver este jardín, se entristeció:

—Lo siento, poderoso rey, has desaprobado. Este jardín es una tragedia.
—¿Por qué dices eso? Si tengo todas las especies del mundo,
 todo está ordenado y planificado, los frutos que dan los árboles son de mucho sabor y no hay en todo el reino árboles que den tantos frutos como estos.
—Puede ser que tu jardín sea eficiente y que esté prolijo. ¿Pero dónde está la muerte? ¿Dónde están las ramas quebradas por el viento? ¿Y las hojas amarillas? ¿Y el moho que hace fértil a la tierra? ¿Dónde está la muerte en este jardín? Un jardín zen es un jardín que vive, que incluye todas las polaridades, y aquí solamente se encuentra la polaridad positiva. Este jardín está muerto en vida.

Somos una totalidad y el camino del medio nos enseña que somos alfa y omega, somos luz y sombra, somos el fuego y el agua, somos todo al mismo tiempo y en su justo equilibrio. Como el jardín que vive tiene pasto verde y hojas amarillas, nosotros también contenemos todas las expresiones duales.

Sos ese "no" que decís... pero también ese "sí" que callás. Vos sos tus éxitos y tus fracasos. Sos tu conocimiento en un área y tus ignorancias en tantos otros campos. El querido Albert Einstein decía al respecto que todos somos ignorantes, solo que ignoramos distintas cosas.

Esta planta zen con sus hojas en los estadios más diversos demuestra que somos una planta y lo que nos pasa son esas hojas que van mutando. El sol no se preocupa por las nubes que lo tapan, el sol sabe que, más temprano que tarde, esas nubes van a dar paso a un cielo azul. La planta no se preocupa por las hojas que están muriendo, la planta sabe que esas hojas dan paso a una nueva hoja llena de vitalidad.

Del polvo venimos y al polvo volveremos. La vida es una extraña experiencia de situaciones que vienen y se van, dejando en cada momento la dosis justa y perfecta de enseñanza, dolor y locura que necesitamos para ser este bello YO SOY singular de lujuria, inocencia e imperfección perfecta.

La planta sabe que en cada hoja se encuentra Dios y Dios es una simple hoja. Dios, el universo, la unidad, el todo, se encuentra en todos lados, y también en nuestros "no puedo", en nuestra incoherencia, en todo lo duro que nos toca vivir... Porque esos momentos vienen a hacernos perfectos, nos vienen a conectar con nuestra coherencia.

La planta, tan pequeña y bella, entiende no solamente que Dios es una mera hoja que nace o se cae, sino que Dios está en el espacio vacío entre cada letra que estás leyendo. Prestá atención a esos espacios en blanco que hay entre cada frase, entre cada palabra, entre cada letra. Observá bien, fijate que cada espacio vacío de blancura limita con las dimensiones de cada letra. Ahí está Dios. Se encuentra, asimismo, entre tus ojos y el libro. Prestá atención al libro, sus hojas... Ahí definitivamente está Dios, como también está en el espacio vacío entre cada hoja en toda la habitación, en todas las galaxias, en todas las gotas del mar... En cada átomo se encuentra Dios y en cada átomo se encuentra un puerto que nos da refugio.

Mi planta es una planta zen, sabe bien todo esto y, por eso, no juzga, no se preocupa y baila el dichoso misterio de la vida encontrando belleza, tanto en otoños como en primaveras. Mientras tanto, yo, humano controlador que tiene miedo, me preocupo y no disfruto. Vivió su primer otoño e invierno. La conocí el día de mi cumpleaños, allá por diciembre, y tenía tres hojas. En verano llegó a cuatro. En otoño bajó a tres y en invierno solo tenía una oreja de elefante. ¡Una única hoja quedaba en mi planta zen en invierno! Muchas personas me dijeron que estaba matando a la planta, que necesitaba sol, que la regara más, que la regara menos...¡No sabía qué hacer! Intenté todo, pero no hubo resultado. La única hoja que quedaba se estaba amarilleando. Estaba llegando el fin, pese a que yo hacía todo lo posible para impedir que muriera.

En la primavera y en el verano, me jactaba de no cortar las hojas amarillas o muertas. Decía: que el zen abraza a la muerte. Pero, cuando llegó el otoño, empecé a dudar, y en invierno, a temer. Fue cuando tomé una decisión desde el miedo: No la dejé morir.

Le puse un palo para atar su última hoja amarillenta, creyendo que ese tutor iba a impedir su final. Pese a todos los esfuerzos, un día llegó lo inevitable: la muerte visitó mi hogar.

Pretender evitar el ciclo inevitable del samsara de nacimiento y muerte es como querer frenar las olas del mar con las manos. En mis malas vacaciones en la playa, pasaba eso. Me paraba firme como una estaca, y quería frenar las olas que venían hacia mí con la fuerza del mar... ¡Era imposible! Aunque lo intentara una y mil veces, el mar me terminaba tumbando.

Volviendo a mi planta zen, creía que iba a vencer a la muerte y me resistí a aceptarla. Por más fuerza, por más esfuerzo que hice, nunca pude retrasar ni tan solo una hora al reloj que llevo en mi mano izquierda. Ni tan solo un minuto, ni siquiera un segundo, porque vida y muerte son irreales, son ficciones que nos contamos. Lo que existe y existirá es la planta que contiene a ambas necesarias polaridades en la inmensidad de su ser. Y es que, las polaridades tampoco existen, no hay muerte y nacimiento, no hay invierno ni veranos, no hay noche y día. Aunque quieras esforzarte en encontrar dualidades, nunca las vas a poder atrapar ... ¿Cuándo comienza el invierno? ¿Cuándo comienza el día? ¿Cuándo llega la noche? Podemos poner fechas, podemos poner horarios, pero no podemos contemplar el preciso instante de transformación. No podemos ver como envejecemos, no podemos ver cuándo crecen nuestras uñas y cuándo nos dormimos. Simplemente sucede, los límites son muy difusos.

A propósito de esto, la otra vez vi nacer a los cachorros de Dina, una labradora de pelo chocolate. Tuvo tres lindos perritos del mismo color. Al ver a Dina amamantando no me quedó claro dónde empezaba Dina y dónde comenzaban los cachorritos. ¿Cuándo sucede ese cambio? ¿Cuándo te enamorás? ¿Cuándo es el momento en el que dejaste de amar? ¿Cuándo sucede el preciso instante donde perdés la pasión por tu trabajo o por una carrera universitaria? ¿Cuándo una persona se transforma en amigo? Ciertamente, los límites son muy difusos y esto se debe a que, por encima de Alfa y Omega, se encuentra el infinito; por encima de las dualidades, se encuentra la unidad; por encima de dos, se encuentra uno. Todo es lo mismo, todo pertenece al mismo baile, a la misma danza ancestral y eterna.

No dejar morir es una de las acciones más crueles que pueden existir. Cuando no soltamos lo viejo no le estamos dejando lugar a lo nuevo por venir. Cuando nos resistimos a permanecer en un lugar que no nos corresponde, no permitimos al otro disfrutar de ese lugar ni nosotros disfrutar de nuevos lugares. Cuando no queremos dejar a nuestra pareja, no permitimos que ambos conectemos con lo nuevo. Y así opera siempre: para crear primero hay que destruir, lo viejo con sus sombras y tristezas forjan el camino para lo nuevo. Los inviernos son tan necesarios como los veranos. Pero nos cuesta aceptarlo, nos cuesta entenderlo, nos cuesta no controlar, nos cuesta soltar y aceptar el porvenir sin resistencias.

Con mucha culpa por abrazar al zen y evitar que las hojas amarillas se alojen en mi planta, no permití que la planta se expresase en su eterna sabiduría. Creí que esas hojas amarillas eran la misma planta, y no una simple hoja. Y así fue como la até y, en lo más profundo de mi corazón, pedí que no se muera, que de pronto esa hoja amarilla se transformase en verde. Pero no, día a día, la vida pasa. Así tiene que ser y así fue: la última hoja murió. Pero, lo maravilloso fue que, a los tres días, un brote verde emergió en una bella hojita de elefante que crecía a ritmos meteóricos en su búsqueda del sol.

La planta no había muerto, la planta solo estaba atravesando el invierno y se quedó sin hojas por tres días, pero nunca se había quedado sin vida... Antes de que muriera la última hoja, ya estaba sucediendo dentro suyo la danza ancestral de la vida, solo que yo no podía apreciarla (no ver algo no significa que ese algo no esté sucediendo). Por más que uno esté durmiendo, el sol no deja de amanecer todos los días.

Mi planta zen me enseñó que yo todavía no soy muy zen que digamos, que todavía el control y el apego siguen dominando mis actitudes. ¡Esta planta, con su sabiduría, me enseña tantas cosas! Una simple planta de oreja de elefante puede ser el gurú que estamos necesitando para sanar.

La planta sabía todo, absolutamente todo. Yo la juzgué a ella y a sus circunstancias. A veces, lo más sano es no interrumpir la infinita ingeniería de Dios con nuestros temores. La planta zen necesita desprenderse de algunas hojas para cuidar su energía en los inviernos y explota en intensidad en los climas que más le gustan. En cambio, yo pretendo ir siempre a tope, siempre a toda velocidad. Creo y siento que todos, de alguna manera, pretendemos estar a tope, siempre motivados, siempre en modo verano, en la polaridad positiva. Pero nada bueno sale durante un verano eterno. El invierno es necesario, el no poder es necesario, el descanso es parte necesaria de cualquier proceso que lleve al éxito. Pero nos manipulamos, atamos con un palito a la hoja amarilla para resistirnos a lo que es. Sin embargo, es muy bello el no poder, es muy bello, a veces, frenar, entender que no tenemos la energía para dar algunas batallas. Cuando llegue el invierno, creo que sería más interesante aceptarlo (integrarlo) y desprendernos de esas hojas que tanta energía nos requieren, para sobrevivir con esa hojita que se eleva desafiando a la muerte y al frío.

Como si todo esto fuera poco, esta bella planta zen no tiene dualidades, está por encima de ellas. Ninguna hoja es más que la planta. Nuestro problema es que el cerebro humano está codificado para pensar al mundo en dos, mientras que el fruto del Edén, sin dudas, se encuentra en todos lados. Entonces, creemos falsamente que el nacimiento y la muerte son eventos cuando, en realidad, son procesos que suceden en simultáneo. La hoja que muere está íntimamente ligada a la hoja que nace. Dentro de la planta todo está sucediendo a la vez.

Entender esto es fundamental, no hay noche oscura del alma, no hay evento que pueda albergar la furia de la vida. Eso no es posible. Todo está profundamente interconectado y ese invierno, esa hoja amarilla, es parte esencial de todo tu proceso, de tu nuevo nacimiento, de tus aprendizajes, de ser quien sos en este momento. A su vez, este momento está estrechamente ligado a una unidad sincrónica con el momento que viene. Ningún momento puede desprenderse del anterior, ningún efecto puede ser independiente de su causa, ningún limón puede existir sin que antes haya existido un limonero, ni ningún limonero puede existir sin que antes haya existido un limón. Todo es lo mismo, todo es igual, todo es bello, todo es todo y no nos damos cuenta.

La planta zen volvió a sacar otra hoja en el momento más cúlmine del invierno de 2023 y, gracias a su sabiduría, pude aprender que sigo controlando, sigo teniendo miedo en mi corazón.

Y no creo que sea algo malo, estoy en un proceso y, si la justicia del universo es dar a cada uno lo que le corresponde, tengo bien ganado lo sufrido para aprender, para seguir avanzando en mi proceso de ser una persona aún más dichosa y en paz.

¿Qué hay de malo en perder el control?

El control es más tremendo que la misma muerte, porque el control te desgasta, te ataca constantemente... No hay paz posible en la guerra. Durante toda mi vida controlé, y el que controla mucho también teme mucho. Ese miedo me hizo esconderme, me hizo seguir una vida que no me pertenecía, me hizo creer que las respuestas estaban afuera. Pero solo el que abraza al descontrol es el que puede animarse a transitar un camino distinto y único: tu verdad. Se suele decir que cuando la tiranía es ley, la revolución es orden, y creo que es verdad. Cuando estamos en incoherencia, cuando el control es lo normal, cuando tememos tanto que nos encerramos en una jaula para que no nos lastimen, la revolución es el descontrol.

El descontrol es descontrolar, es decir, dejar de controlar. Muchos piensan que es anarquía, pero es dejar de controlar. Es entender que lo real nunca puede ser lastimado. Lo real, lo que es, es único, es indivisible, es la más perfecta unidad de todos los átomos del cosmos. Y esa unidad se expresa en vos, en total sinceridad. Por eso, cuando controlás, estás en guerra con el universo entero. Pero este es tan grande que no puede ser atacado por una simple percepción irreal de tu pensamiento humano.

El control se te enseñó como una respuesta a no aceptar al momento presente y te "protege" de él, evitando así vivir tu vida.

Hoy, más que nunca, es necesario ser un artista del descontrol, ser un verdadero descontrolador serial. La planta zen vive en descontrol, la planta zen sabe todo y, por eso, no se resiste a nada, no controla nada. Sabe que en verano tendrá cuatro hojas de elefante y en invierno tendrá una. No se preocupa, no controla, permite que las hojas se vayan cuando sea necesario. No la demora ni un solo segundo, la suelta cuando la tiene que soltar. Y creo que, observando mi vida por mucho tiempo, quizás durante gran parte de mi vida, fui una persona que le ponía palitos a las hojas para sostenerlas y evitar que mueran. Y mi viaje consistió en sacar ese palito, permitir que lo viejo muera para dar espacio a lo nuevo.

Tuve que deshacer la ilusión del miedo para aceptar lo que tenía que vivir. La coherencia emocional nace cuando sacamos ese palito de control y abrazamos al descontrol de lo que es. Cuando nos animamos a sacar ese palito de control, abrazamos por fin las cosas como en verdad son. Y puede dar miedo, puede ser difícil, te puede dar culpa, vas a sentir mucha pena porque ya no quedan hojas en tu planta. Pero, al tercer día, la planta zen saca otro brote verde que alimenta a la vida con su eterna danza de muertes y nacimientos.

Dejar trabajos, apostar todo a mi sueño, resistir la pobreza y disfrutar la abundancia, bajar y subir de peso, mentirme a mí mismo siguiendo consejos y creencias de otros y animarme a seguir las mías... Todos esos inviernos y veranos vinieron a enseñarme, fueron la danza que me hizo ser quien soy.

Esa planta zen es nuestro gran maestro. Te invito a que adquieras una planta de oreja de elefante para tu hogar. Puede enseñarte mucho.

Tengo la intuición de que la experiencia humana es simplemente un viaje en el que vamos animándonos a sacar esos palitos que sostienen a las hojas amarillentas. Es un viaje hacia la fuente, hacia nosotros mismos, hasta diluirnos con el mismísimo universo.

Es un viaje sin caminos, es un viaje a la nada. Cuando abrazamos al descontrol y dejamos que la vida se exprese como es, también permitimos expresarnos como somos (ya te dije que no hay dos en el universo). Aceptar las cosas como son, aceptarnos a nosotros como somos es vomitar el fruto del árbol del conocimiento, es volver al Edén, es entender que ya estamos en él, aunque no nos demos cuenta. Es entender que el Nirvana simplemente es una percepción, y no un lugar.

Bailá la danza ancestral, esa danza que bailan las olas del mar, las luciérnagas, los rinocerontes, los ladrillos y ventanas, las montañas y las estrellas, la sangre que está pasando por las venas de un joven en Vietnam y el cometa que está viajando en algún lado de la galaxia. Todo está en una perfecta sincronicidad.

Sentí el vacío que une a todo lo que se encuentra en tu casa. Todo es perfecto, en todos lados se encuentra Dios. La única forma de sanar es aceptando que somos parte de todo y, con esa certeza, animarnos a sacar esos palitos para abrazar a nuestra más pura esencia.

Te mando un abrazo.

Posdata: Al momento de terminar este capítulo, mi planta zen acaba de sacar otro brote, otra oreja hoja de elefante que se expresa en invierno. Creo que es una señal: soltá el control.

CAPÍTULO VII

El negador del miedo

Parece que las historias se entrelazan, que hay un hilo conductor en *Hago lo que puedo*. Pero, en realidad, es la vida la que está conspirando para la realización de este libro. Y es que Mariana, los brotes verdes de mi planta zen y la historia que les voy a contar surgieron de improviso, en el día a día y se introdujeron en estas páginas, casi por la ventana.

Hace unos días me llegó una invitación muy peculiar. Era para una radio de Puerto Rico. Me sentí atraído por la rareza de la propuesta y, aunque no suelo dar entrevistas, acepté.

Empezó el programa con una extraña prédica mística sobre el "despertar de la matrix" y el lado verdadero de las cosas, de nuestra "verdadera esencia". En su monólogo, el conductor hizo referencia a que las sociedades viven oprimidas en un sistema que esclaviza al ser humano, que las multinacionales y los gobiernos nos quieren dormidos y programados para obedecer, y que él tenía todas las respuestas porque era un ser "despierto".

En su espacio impartía su liturgia a los neófitos que querían alcanzar la luz. Yo no lo podía creer, lo que estaba escuchando era (casi) sacado de un cuento de fantasía. Después de saciar su ego dando un discurso de diez o quince minutos sobre la mierda que era el mundo y su figura de salvador, se dirigió a mí. Su primera pregunta fue: Francisco, ¿cuál fue tu noche oscura del alma? Imagínense mi cara, ustedes que ya leyeron el principio de este libro y bien saben que no creo en ese concepto.

Así las cosas, la entrevista comenzó tensa para ambos. Yo no sabía dónde me había metido y él, estaba claro, no sabía a quién había invitado a su programa. La entrevista fue muy... divertida, digamos.

Eran dos mundos intentando un intercambio; el problema era que entre ellos no había ninguna coincidencia. Para mí, la vida es bella, el sistema tiene sus desafíos, sí, pero creo firmemente que el pesimismo, en muchas ocasiones, esconde una mirada pedante y egocéntrica. ¿Por qué? Uno, que se cree mejor que el resto, se da cuenta de todas las atrocidades que se generan (los otros parecen estar "ciegos"). Ser inteligente en ese mundo es negar la vida. Y yo pienso todo lo contrario, creo que una postura inteligente es aquella que tiene el valor de afirmar el bello milagro que es la vida.

En todo momento, chocamos, me tomó examen de cada idea, de mi postura ante la vida... Si bien no coincidimos, en ningún momento se burló de mi forma de pensar, pese a que él partía de la hipótesis de que todo el que no pensase como él era un ignorante y que su misión era ser compasivo con la ignorancia y educar a los incultos.

Era muy gracioso, pero a la vez alarmante, advertir cómo, en cada intercambio, él se ponía en una posición de maestro. Concretamente, empezaba todas las frases con: Yo te voy a despertar y, por eso, has venido aquí.

Un detalle que siempre deben tener en cuenta al tratar con personas manipuladoras: nunca tienen compasión, a lo sumo lo que pueden llegar a sentir es lástima. Y la lástima es totalmente diferente a la compasión, ya que parte de una posición de superioridad. Además, una conversación con una persona así nunca es con un par, nunca es entre iguales, siempre es de un maestro a un alumno. De alguien que sabe todo a un inculto. En cambio, en una verdadera conversación, ambas partes se benefician. Ambos son maestros y aprendices a la vez. Es un intercambio horizontal, en el que nadie se pone por encima del otro. Y, para generar algo así, lo fundamental es entender que uno no tiene las verdades reveladas del mundo. Uno tiene su propia coherencia emocional y marco de creencias, que son subjetivas y válidas para uno, pero no para los demás. Y, como lo nuestro es válido para nosotros, lo que sienten los otros es válido para ellos.

Lo interesante de este encuentro fue poder conocer a una persona manipuladora con aires de grandeza espiritual. Y advertir cómo este sistema de creencias puede ser peligroso para muchas personas que, en una situación de vulnerabilidad, puedan llegar a quedar atrapadas en sus redes.

En un momento de la entrevista pude entender el porqué de sus actos, de su pensamiento. Desde mi sistema de creencias, todo encuentro es un reencuentro, y el ruido exterior es un reflejo del ruido interior. Por lo que, en verdad, para conocer a alguien, uno lo tiene que dejar hablar para que exprese todas sus percepciones. En el caso de mi interlocutor, en ese trajín, soltó, casi a la pasada, una frase que desenmascaró al manipulador:

—Yo nunca siento miedo.
—¿Cómo que nunca sentís miedo?
—Sí, una persona que atravesó la matrix y despertó su verdadera consciencia ya no siente miedo.
—¿No sentís miedo a nada?
—A nada.
—¿Y si viene un ladrón a robarte?
—Me pasó, y gracias a mi grado de consciencia, pude no atemorizarme y razonar con él. Terminamos hablando, le di dinero, me agradeció y se fue.
—Entiendo. ¿Pero nunca sentís miedo?
—Así es, desde mi despertar de la consciencia nunca más tuve miedo. Algún día, cuando despiertes vos también, vas a poder sentir la ausencia de miedo.
—La otra vez estaba jugando con mi gatito, el Señor Pantuflas, en la calle, pasó un perro grande y quiso jugar con él. Pero mi gato, al ver al perro cerca, se asustó. Sus pupilas se agrandaron, su cuerpo se tensó y se puso en una posición de alerta y de huida. Entonces ¿mi gatito no es un gato despierto porque sintió miedo?

—Mmmm... (piensa)—. Aproveché su silencio para continuar compartiendo mis ideas.

—El miedo es una emoción que se genera en la corteza cerebral, que es el cerebro más primitivo que compartimos con todos los animales vertebrados. De hecho, el miedo es una de las emociones que garantiza la supervivencia, y que todos los seres vertebrados comparten. Ante el peligro, el miedo se dispara, el corazón empieza a latir con más intensidad para llevar más sangre a las extremidades, se eleva el nivel de adrenalina, los sentidos se agudizan... Así el cuerpo de cualquier animal se prepara para la supervivencia. ¿Acaso los animales no son seres despiertos?

—Yo me refiero al miedo racional, y no al natural. Al miedo que surge de los límites de tu ego y no te permite pensar con claridad en el momento presente.

—Entiendo. ¿Y nunca tuviste un miedo irracional? ¿Incluso en tu peor momento?

—Mi peor momento fue cuando mi esposa y mis tres hijas sufrieron un accidente de auto y estuvieron a punto de morir.

—¿Y no sentiste miedo al saber que ellas podían morir?!

—No, ni por un segundo. Solo sentía rabia y una sensación de injusticia, pero miedo no.

—¿En serio que no sentiste miedo ante semejante situación?

—No, seguro para tu alma dormida esto es inconcebible, pero te aseguro que el miedo es una trampa del ego.

—Puede ser, si mi mujer y mis hijas sufrieran un accidente y no tuviera la certeza de si van a sobrevivir, yo estaría devastado y con miedo. Miedo a no verlas más. A no poder besarlas. A no poder envejecer viéndolas sonreír. Sentiría miedo, mucho miedo. Como también dolor, ira, frustración y todo lo que se te pueda ocurrir.

—Eso pasa porque no estás despierto, yo tuve el control de todo.

—¿Y cuándo sufriste el descontrol?

—Cuando estaba dormido, llegué incluso a tener pensamientos suicidas. Pero desde que tengo todo controlado, gracias al despertar de la consciencia, no temo.

—Entiendo.

Luego de esa respuesta decidí no avanzar en las preguntas ni exponer mi punto de vista. No era necesario. El Buda nos cuenta que todo ser vivo busca la felicidad y evita sufrir. Todos estamos en esa rueda, todos queremos ser felices y no queremos sufrir, todos. Esta verdad que enseñó el Buda puede ser una herramienta importante para no juzgar a tu prójimo... Todos hacemos lo que podemos para no sufrir. Y en este caso, él sufrió mucho y encontró en el control la forma de no sufrir. Acordate esto: todo control esconde miedo, y el que controla mucho... teme mucho. Sufrió la falta de control en su vida y encontró, en la represión total de la polaridad del miedo, su forma de sentirse seguro.

Es, por eso, por lo que encontró en la espiritualidad la forma de domar al cuerpo, a la naturaleza. Eso promete la espiritualidad, te dice que vos podés dominar.

No niegues el miedo

Mi propuesta es radicalmente opuesta: No controles nada y descubrirás la dicha. Si tenés miedo, tenés miedo, no es un problema. El problema surge cuando no querés tener miedo, cuando te mentís y no aceptás la emoción que despierta dentro tuyo.

Mi gatito es un gran maestro zen, como todo animal. Come cuando quiere comer. Duerme cuando quiere dormir. Viene a darme caricias cuando quiere caricias. Ronronea cuando quiere ronronear. Tiene miedo cuando toca tener miedo. Se enoja cuando se tiene que enojar.

Con la vegetación sucede lo mismo. Aunque te esfuerces, no podés pedirle a una semilla de manzano que está germinando que saque manzanas. No es posible, no es el momento. El momento que le toca vivir es el de crecer y fortalecerse, no el de dar frutos. Por más fuerzas que hagas, la primavera llega siempre en la misma temporada y el invierno siempre llega el mismo mes. Las abejas son abejas, las montañas son montañas, los ríos siguen siendo ríos hasta donde yo sé. Y si vos sos miedoso, sos miedoso.

Hay situaciones que causan miedo, es así y es sano que sea así. El miedo cumple una función vital. El miedo no es contrario a la vida, más bien, participa de la vida, es una parte fundamental de ella. No es necesario negarlo, es mejor abrazarlo, permitir que se exprese.

Lo increíble de la aceptación del miedo es que permite una transformación mucho más efectiva, en comparación al rechazo de esta experiencia vital. Si la abrazamos, si permitimos que el miedo se exprese, esa emoción va a venir, va a permanecer el tiempo que sea necesario, y luego se va a marchar. En cambio, si la rechazamos, siempre va a estar latente dentro de nosotros convirtiéndonos en presos de esa verdad que no queremos revelar ni revelarnos a nosotros mismos.

Este gurú no quiere sufrir como sufrió antes y, por eso, se escapó de la vida. Se refugió en un espacio irreal de control. Pero el control solo te hace duro, tosco, áspero. El control te embrutece, ya que no te permite experimentar una de las tantas polaridades en las que la vida se expresa.

No tener miedo no es una virtud, sino más bien una tragedia. La vida, en muchos momentos, da miedo, y esto no es malo, simplemente es lo que es. A todo momento, podés experimentar situaciones angustiantes. Que te despidan del trabajo, que te lastimes, que te enfermes, que un ser querido se vaya. Muchas cosas dan miedo y ese miedo te enseña que sos un ser sensible que establece conexiones profundas con su alrededor.

El gran secreto del zen es que no hay secretos. Uno es lo que es, y no hay problema con eso. Mientras más cerca estés de ser vos, más en paz estarás. Mientras más lejos estés de vos, más angustiante será tu vida.

El personaje del que te hablé no quiere sufrir y encuentra en el control de la espiritualidad su paz. Pero toda paz que se logra reprimiendo tu esencia, es solo una tregua momentánea. Es como un fruto que dejás en la heladera. Tarde o temprano, se va a empezar a pudrir contaminando todo lo que tiene alrededor.

Lógicamente uno es libre de hacer lo que quiera con su vida. Esta es mi postura de vida, como el gurú este tiene la suya. Yo no soy el dueño de la verdad, lo mío es solo una sugerencia, que es distinta a una verdad. Una sugerencia es una puerta abierta para que el que quiera ingresar, ingrese, entendiendo que cada puerta es válida.

Como todos los demás seres vivos del planeta, esta persona solo quiere ser feliz y evitar sufrir. Ojo, una cosa es comprender los motivos de sus acciones, que están incluidas dentro de esta rueda de felicidad y sufrimiento en la que todos estamos, y otra cosa, muy distinta, es avalar las prácticas que intentan controlar, dominar o atacar a otros.

Una cosa es sentir compasión por su sufrimiento y otra, muy distinta, respaldar su accionar. Grandes atrocidades se han cometido en torno a alcanzar la felicidad y evitar sufrir; se han violado los derechos humanos de millones de personas bajo esta premisa. Por lo tanto, vale la pena entender la raíz de su motivación, pero, sin por ello, avalar su accionar. Ya que este, tiene el objetivo de lastimar a los demás.

Tengan mucho cuidado con estos maestros, con estas personas "despiertas" que tienen verdades reveladas (solo ellos saben lo que está bien). Tengan prudencia a la hora de permitir que una persona contraria a ustedes les diga qué camino tienen que recorrer, creyendo que los demás caminos no son válidos. Estas personas se alimentan de tu atención, de tu tiempo, de tu dinero, de tu salud mental.

Yo no sé lo que está bien o mal para vos. No podría decírtelo. Si lo intentara te estaría mintiendo y garantizando unas cuantas temporadas más en ese sueño eterno de buscar afuera lo que ya se encuentra dentro tuyo.

Mi única verdad es la no verdad, un lugar sin lugar, un destino sin destino. Abandoná todo control, toda búsqueda para conectar con tu esencia más íntima. Tu propia coherencia emocional, a veces, atraviesa los caminos del miedo, y otras, los de la alegría.

Te mando un abrazo.

El sacrificio

A lo largo de mi vida fui bastante egoísta o, por lo menos, eso me hicieron sentir. No me iba mucho la idea de compartir y en casa me enseñaron que, en todo momento, había que compartir.

Ahora, que estoy promediando la escritura de este libro, tengo mi Biblia al lado mío. Me la obsequiaron cuando era muy niño, ya que fui a un colegio católico (de formación religiosa). Es uno de los pocos objetos que atesoro de mi infancia.

Era común, en aquel tiempo, que algunos chicos se olvidaran la Biblia los días que había Religión. Entonces, un delegado pasaba por los salones aledaños pidiendo Biblias prestadas. Una vez, presté la mía y me retornó muy dañada. A la semana, la presté otra vez y, cuando me la devolvieron, vi que, al lado de mi nombre, en la primera página, estaba escrito un insulto. Desde ese día, no presté más mi Biblia ni nada.

Debo confesarles que escribo estas líneas con un poco de amargura. En ese momento, había tapado con un sticker el insulto, pero, cada vez que abría la Biblia para aprender sobre el amor, veía y recordaba esa agresión. ¿Te confieso algo? Al presente, después de varias décadas, me había olvidado el contenido de ese insulto (la palabra exacta). Mi curiosidad me llevó a poner la hoja a la luz del sol y a observar, de nuevo, aquella humillación. Es desagradable recordar estas cosas. Uno, de chico, no toma consciencia del dolor que pueden causar sus acciones en los demás y, menos aún, imagina que ese dolor puede seguir latente por décadas.

Hoy, pensando en esa agresión, fruto de la inconsciencia de unos niños, mi gato se acercó y empezó a maullar para que lo acariciase, haciendo brotar una sonrisa en mi rostro. El gato viene a buscar mi dulzura y ambos ganamos porque damos lo que sentimos. Por eso, siempre digo que los animales son grandes maestros zen.

El budismo tibetano enseña que hay que sonreír a cada persona que nos cruzamos en el camino. El primer beneficiario de sonreír es uno. Al sonreír, activás serotonina y, además, regalás al otro la oportunidad de sonreír. Por eso, creo que, incluso ese dolor, esa agresión de hace tanto tiempo atrás fue perfecta, porque gracias a ese dolor, hoy estoy contándoles esta historia.

Pero, claro, de chico no sabía lo que hoy sé. Siempre que compartía recibía ingratitud. Daba y daba, y no había nunca gratitud de la otra parte. Yo no quería dar a todos, todo el tiempo, algo que para mí era un deber. Quería dar a mi manera, pero el día que dejaba de dar, recibía ataques, reproches. Estaba criando cuervos a mi alrededor. Fue así como me fui endureciendo. En la iglesia me habían dicho que tenía que amar al prójimo como a mí mismo. Nunca comprendí el significado de esta frase.

Desde niño me inculcaron el concepto de sacrificio. Me dijeron: Hacé como Jesús, que se sacrificó por nosotros, y así fui tolerando muchas actitudes que no debía tolerar. Hacer lo que sentía era de egoísta y de mala persona.

La distorsión era total. No me olvido más la vez en la que un compañero que sufría bullying le pegó al abusador de la clase. Una compañera le gritó y criticó por golpearlo. Le dijo: No lo escuches, hay que poner la otra mejilla, pegar está mal. ¡Era de locos! ¿Acaso no importaba la agresión que generaba el abusador a todo el grupo, los insultos, las bromas, las humillaciones? Lo que importaba era que no hubiera golpes. La violencia verbal era tolerable, la violencia física, no. Solo importaba si el indefenso se rebelaba. Ahí sí era grave, ahí sí los compañeros, profesores, padres y directivos se indignaban, pero mientras el indefenso tolerara la agresión y sufriera en silencio, nada pasaba.

De chico me enseñaron que:

Cuando das, pocos agradecen.
Cuando no das, te dicen egoísta.
Cuando te atacan, hay silencio.
Cuando te defendés, te transformás en el violento.

Así me educaron en la escuela. Desde muy niño aprendí que el silencio era la mejor opción, y que había que obedecer. No importaba lo que sentía, no importaba lo que pensara, lo importante era obedecer y sufrir en silencio, aceptar mi cruz, la cruz de todos.

Así de delirantes son la educación y la religión mal enseñadas. Los regalos del ego siempre son sacrificios. Todos sufren y se espera que los demás sufran al igual que uno. Si yo sufro, el otro tiene que sufrir. Así nos vamos enfermando, así vamos multiplicando la locura en la que vivimos.

Por suerte, todo cambió cuando entendí que no debía esperar gratitud de la otra parte, ni tampoco ingratitud. No tenía que esperar nada, ya que esto transformaba al dar en una negociación. El dar, en verdad, multiplica, no es una ecuación de suma cero, en la que uno tiene que perder para que el otro gane. No, no funciona así. El dar es lo más hermoso del mundo, pero nos lo han enseñado mal.

Hay que dejar de buscar la gratitud para conseguirla. La gratitud es con uno, ya está aquí, no te la puede dar otra persona. Amar a los demás como a uno mismo es entender que nuestro mayor regalo al mundo es nuestra propia coherencia emocional. Supone ser completamente sinceros con nosotros y estar conectados a un nivel muy íntimo con el sentir y el hacer.

Pero la coherencia emocional es el peor enemigo del sacrificio. Es el peor enemigo del ego, ya que este vive en el "deber ser" y no en el ser. Ahora no puede existir el ego. En el éxtasis de ser quien sos, el ego se disuelve. Solo cuando estás amargado, reprimiendo tus emociones, el ego se multiplica. Porque al ego nunca le alcanza quien sos, siempre quiere más, buscando validación afuera: en el dinero, en el prestigio, en ser buena persona, en ser un buen cristiano, un buen budista, un buen vecino, una honorable persona... El ego es adicto a los títulos, a la meta, al parecer, al ostentar.

Pero, en verdad, si ya sos, si realmente sentís que sos suficiente, te debería importar poco lo que digan los demás, te debería importar tres pepinos que te reconozcan, que los demás sepan quien sos. Uno es, con sus luces y sombras, en una totalidad que abarca todas las dualidades. Y, cuando uno es, vive el momento presente tal cual es y lo que llega se experimenta, ya sea crueldad o bondad, ya sea algarabía o sollozar.

Para mí fue muy difícil entender el concepto de coherencia emocional e integrarlo como la llave para vivir un poco más en paz. Desde niño, me mostraban la cruz como un símbolo de sufrimiento, de sacrificio. Nunca vi a Jesús sonriendo, y esto es tremendo si te lo ponés a pensar. Las imágenes de Jesús eran clavado en la cruz, con la corona de espinas y sangrando, con clavos y heridas. Me daban miedo las estatuas. A lo sumo, lo veía en escasas situaciones, en una estampita en la que aparecía con la mirada impoluta, sin ninguna mueca de sentir.

Este, para mí, es un profundo error metodológico y conceptual. No puedo concebir a Jesús de esa manera. No puede ser así, es inviable, es irreal pensar a un maestro, a un verdadero maestro, desde esa mirada carente de sentimientos o siempre sufriendo. El dolor pertenece a la vida, no es necesario negarlo, Jesús sufrió un montón, es verdad, pero seguro también disfrutó y siento que a esa parte de su vida no se le dio importancia.

Los relatos bíblicos se centraron en los aspectos teológicos del ministerio de Jesús, y no en proporcionar detalles exhaustivos de sus emociones o su apariencia física. No hay muchos datos del Jesús humano, todo estuvo destinado a transmitir la misión redentora en base a parábolas y acciones, lo cual es entendible, pero creo que, a posteriori, hubiese sido interesante pensar a Jesús en su totalidad.

Le quitaron lo más lindo que tenía. Era un ser humano, de piel y hueso, que sangraba, pero también sentía. Yo me lo imagino siendo un atorrante bárbaro, un rebelde y desvergonzado. Se juntaba con prostitutas, leprosos y pecadores, y les decía que había sitio para ellos en el reino de los cielos. ¡Ídolo! ¡Genio!

Me lo imagino contando historias en fogones, charlando con su madre y jugando en la carpintería de José. Divirtiéndose y riendo. Enojado y triste también. Pero, en especial, gozando de la vida. Un verdadero maestro debe tener la sonrisa fácil, debe contar historias muy lindas. La sonrisa debe haber sido moneda corriente en su rostro.

Como ya te dije, religión viene del término "religare" que significa reunir, reagrupar. Una persona verdaderamente religiosa une, busca puntos de encuentro, busca lo idéntico en lo diferente. Y la forma más fácil de conectar con lo distinto es mediante una sonrisa. Sonreír es el medio de comunicación más religioso que hay. La risa es el lenguaje de los sabios.

Pero no es lo que las iglesias nos contaron de Jesús de Nazaret. De chico yo entraba a majestuosas iglesias y solo veía ante mí el sacrificio de Jesús, el martirio de Jesús, la pasión de Jesús, nunca lo vi sonreír. Así aprendí que eso era lo aspiracional, sacrificarse era el ideal y quien se sacrificara entraría en el reino de los cielos.

Hoy todos se sacrifican. Creemos que para estudiar hay que sacrificarse estudiando muchas horas y dejando todo de lado, y que no se puede disfrutar del estudio. Hay que tragar cientos de hojas por día y sufrir, de lo contrario, no aprobamos. Tenemos que pasarla mal, se necesita del sacrificio para estudiar.

En efecto, el sacrificio tiene buena prensa. Hay muchos que creen que trabajar es sufrir. Ya, desde el Génesis, juzgamos el hecho de trabajar como un castigo, y nos pasamos la vida en un trabajo que no queremos porque hay que sacrificarse para conseguir el pan de cada día.

Estamos en relaciones que no nos gustan, que nos hacen mal, pero entendemos que hay que hacer que la pareja funcione. Nos callamos, nos reprimimos, nos mantenemos cautivos en una prisión en forma de anillos, porque el amor mal entendido es para siempre.

Por suerte, hoy, con la labor del papa Francisco, sumada a las de Juan Pablo II y Benedicto XVI, ha cambiado este concepto. Los curas que salen ordenados son diferentes, se nota en su formación. Me cuesta encontrar a un cura que no sepa cantar ni tocar la guitarra. Me cuesta encontrar a un filósofo o teólogo cristiano ordenado padre que no sea una persona con la sonrisa fácil. Yo los admiro. Cada vez que tengo la oportunidad de hablar con ellos es una fiesta. Son personas alegres, sensibles, formadas en la fe a Cristo, pero son ejemplo de la alegría que significa ser cristianos. No obstante, los templos siguen conservando esa solemnidad de tragedia.

Los cristianos, los verdaderos cristianos, no ven a la cruz como una tragedia, sino como un símbolo del amor incondicional de Cristo. Esta interpretación es muy bella. A los ojos de un niño, la cruz puede ser algo cruel, y es entendible, de hecho, es lo más cuerdo del mundo calificar de tragedia a un tipo clavado en una cruz.

Pero, cuando de mayores, entramos en el verdadero significado de la cruz, descubrimos una entrega total de coherencia emocional por parte de Jesús. Esto es clave que lo entiendas: Jesús eligió su cruz. Él sabía que Judas lo iba a traicionar. Él resistió a las tentaciones y humillaciones porque sentía que ese destino era su verdad. El diablo, tiempo atrás, lo había tentado varias veces en el desierto, pero él, pudiendo solicitar la intervención de Dios, no la eligió. Jesús, hasta el último minuto, aceptó su destino. Pero ojo, que la idea de "destino" para la antropología cristiana no puede existir, ya que el ser humano, para los cristianos, cuenta con el libre albedrío para decidir sus actos. Por lo que, en verdad, Jesús ELIGIÓ su cruz, su camino y su final.

Nos liberó del "pecado original", ¿y cuál es este pecado? Comer el fruto del árbol del bien y del mal, la desobediencia de Adán, juzgar a Dios, creer que somos dioses para juzgar a la existencia.

En contraste, el milagro de la cruz es observar que, frente a toda la inconsciencia del humano, pese a todo el dolor que padeció, Jesús, clavado en la cruz, pidió perdón para nosotros. No hubo agresión que haya podido doblegar su coherencia emocional, su convicción. Sin dudas, el amor que tenía era incondicional y, gracias a él, pudo transformar la aberración más grande en el amor y liberación más grandes.

En la actualidad, cada vez que veo una cruz, rescato un símbolo de coherencia emocional. La cruz me recuerda que el amor es la esencia de todas las cosas. Pero esa cruz le pertenece a Cristo, vos tenés la tuya, yo tengo la mía, todos tenemos la propia, subjetiva y única cruz.

Nuestra coherencia emocional representa todo un desafío para el hombre, porque ha comido el fruto del bien y del mal, por ende, tiene el pecado original en su estómago. Y trascender este miedo, este sesgo, requiere de un compromiso que va a ser muy duro si lo juzgamos. La cruz es pesada, da mucho miedo, pero es el camino a la liberación, que es lo que sos. Esa cruz te pertenece, vos la elegís en todo momento.

El tema es que vos creés que tu cruz es la cruz del otro que cargás sobre tu espalda. Y ahí sí, cagaste. Cuando agarrás la cruz del otro, te destruís paso a paso. Vos sos responsable única y exclusivamente de tu cruz; no de la del vecino, ni de la de tus padres, ni de la de tus hijos ni de la de nadie. Es tuya, te pertenece, y si no la reconocés, si no te animás a llevarla, vas a sufrir el peor de los sufrimientos: no seguir a tu corazón.

Sacrificio viene del "oficio sacral" y para mí significa "seguir a tu corazón". El tema es que se nos ha enseñado que el sacrificio es hacer cosas que no nos gustan por los demás. Jesús se sacrificó por nosotros, vos también sacrificate. Esto es una verdad falsa. Jesús se sacrificó porque quiso, porque le hacía bien, porque sentía que esa era su misión y, con su coherencia emocional, salvó a todos. El orden de los factores es fundamental en esta ecuación. Jesús quiso, Jesús eligió, no lo obligaron...

Jesús era todopoderoso, si él hubiese querido frenar su martirio, lo hubiese hecho, pero eligió seguir su misión. Jesús se sacrificó para que nadie más lo tuviera que hacer. Pero parece que no le hicimos mucho caso y, constantemente, vamos tras la búsqueda del sacrificio.

La sociedad, en su conjunto, nos pide que nos sacrifiquemos haciendo cosas que no queremos hacer. Pero, el sacrificio, que es oficio sacral, es hacer lo que sientas. Y si hacés lo que sentís, no cabe no querer hacer. Son ideas contrapuestas, es como decir que existe el helado caliente, el agua seca, la luz oscura, no existe sufrir por lo que sos.

Debo anticiparte que, cuando decidas seguir a tu coherencia emocional, atravesarás momentos difíciles, pero vas a sentir una extraña paz que acompañará cada paso que des. Cuando por fin puedas trascender la falsa obligación de cargar la cruz del otro y te animes a cargar tu cruz, su peso te dejará de importar, la cruz se transformará en liviana, en ligera, porque es tuya, porque la elegís, porque podés frenar en cualquier momento e incluso llevarla un poquito cada día, y descansar.

Muchas personas te van a considerar egoísta porque dejarás de hacer lo que ellos quieran que hagas. Muchos van a criticarte por no sufrir, por no sacrificarte.

Recuerden el principio de este capítulo, cuando les dije que soy egoísta. Una persona egoísta, a ojos del ego, es una persona que hace su vida. Que da lo que quiere dar, ni más ni menos. Para el ego esto es inconcebible... ¿Cómo una persona va a dar lo que quiere dar? No, no, así no se hace un mundo mejor, así no se hace un mundo más justo. Vos tenés que dar más, tenés que sacrificarte, tenés que hacer lo que el otro necesita y, con estos ideales altruistas, vamos matando a nuestra propia singularidad.

El altruismo es lo peor que hay, no existe el altruismo y, si existe, es un engendro del ego, es el mecanismo más elegante que este generó para desgastar al otro. Porque el altruismo es poner la felicidad del otro por encima de uno. Es vivir cargando cruces ajenas, y descuidando tu cruz.

Por el contrario, Jesús eligió su cruz, nadie le puso una pistola (o, más histórico, una espada) en la cabeza. Para él, tuvo sentido hacer lo que hizo. La Madre Teresa de Calcuta limpiaba leprosos porque le hacía bien, se llenaba limpiando leprosos, no lo hacía porque "tenía que hacerlo", sino porque limpiar leprosos era su verdad, era lo que sentía. Tenía una expresión sumamente bella, que no recuerdo con exactitud, pero decía que no era necesario ir a limpiar leprosos a la India, podés hacer lo que quieras, pero hacerlo con amor, podés pelar papas y hacerlo con amor. Ese es tu dar y no es mejor ni peor que el de otro.

Para los ojos del ego, decir que el altruismo es un producto del ego es un crimen. Hacer lo que sientas es un pecado. Dar lo que sentís que tenés que dar no alcanza. Siempre se necesita un plus, y ese plus es una cruz ajena, es una cruz que pesa, que te desgasta poco a poco.

Muchas personas que están leyendo esto van a sentir un profundo rechazo por mis palabras. Y las entiendo, yo también pensaba que era una aberración creer que el altruismo es lo peor que hay. Pero, si te ponés a pensar detenidamente, vas a observar que el mayor regalo que podés hacerle al mundo es ser quien sos, ni más ni menos, en total honestidad y transparencia.

Cuando por fin dejás de dar porque "hay que dar", das lo que querés a quien querés, la cantidad que vos querés. Por ese motivo, tu dar va a ser cien por ciento genuino, no te va a pesar, la cruz no va a ser pesada, no vas a esperar recibir nada a cambio. Simplemente vas a dar porque te hace bien dar.

Y el dar, siempre multiplica. Vas a amar a tu prójimo como a ti mismo y vas a dar lo que sos. Y, como serás amable con vos mismo, serás amable con los demás. Vas a ir a las fiestas que quieras ir, y no a las que tengas que ir. Vas a besar a la persona que quieras besar, y no a la que tengas que besar. Vas a hablar con la persona que quieras hablar, y no con la que tengas que hablar. Vas a dar el tiempo que quieras dar, y no el tiempo que tengas que dar.

Cuando sacamos de la ecuación al ego, cuando sacamos del medio a la cruz del otro y cargamos la propia, entendemos que todo es simple. Jesús fue un rebelde, Jesús vino a complementar la interpretación de la ley sagrada. Estaba indignado con los fariseos y los estudiosos de la ley sagrada porque estos eran unos moralistas tremendamente crueles al no sentir el espíritu de las normas.

Jesús vino a hacer a las leyes perfectas. ¿Y qué es lo perfecto? El amor. Jesús no cuestiona a las leyes judías, sino que busca la purificación de ellas mediante el corazón, con nuestras verdaderas intenciones y deseos. El camino que propone es volver al Padre, es observar que somos creados a imagen y semejanza. Y al observar cómo nos tratamos realmente con nuestras leyes y moralidades, podremos observar la inconsciencia cruel con la que en verdad nos tratamos. Descubriremos cuán imperfectos son los criterios humanos de moralidad.

Por eso, es importante abrazar a nuestra cruz. El dar desde tu coherencia emocional es una expresión del amor que tenés con vos. No esperás recibir nada a cambio, simplemente das y así te transformás en luz, te transformás en el mismísimo sol. Y el sol ama de verdad, el sol no pregunta quién merece su luz, el sol no negocia su luz, no espera nada a cambio. La misión del sol es brillar y alumbra a todos por igual. La luz del sol no tiene grados ni niveles, simplemente es luz, a por montones, emana energía, segundo a segundo. Vos también podés ser así.

Para lograrlo, tenés que invertir el pensamiento, tenés que dar vuelta al mundo. El sur se transforma en norte, el cielo se transforma en tierra, la cruz del dolor se transforma en una cruz amigable de coherencia emocional. La percepción de cómo vemos las cosas ha de cambiar para cambiar al universo.

Te han enseñado que ser quien sos es egoísta y sufrir por los demás es digno de celebración. Y así, te fuiste desgastando, te fuiste consumiendo instante a instante, porque la vida es un bello milagro por vivir y lo viniste desperdiciando, cargando las cruces de otros.

Hoy te ofrezco que seas un subversivo, que te rebeles, que veas todo de una manera distinta. Te vengo a decir que el reino de los cielos está dentro tuyo, que no vas a poder entrar si sos un moralista, si sos una persona que está en el deber ser, que juzga a los demás. Que la llave al reino está dentro tuyo, ya la tenés, no tenés que ir al templo, ni recitar un mantra ni meditar ni ir a la India a limpiar leprosos. Simplemente tenés que ser quien sos, ni más ni menos. Ya sos suficiente, en todos los sentidos que tiene la palabra. Ya sos sabio, sos perfecto, así como sos.

El problema actual es antropológico. Nos hemos perdido en el camino. Vamos rápido, pero no sabemos hacia dónde. Estamos dando vueltas en el mismo bosque. Estamos siguiendo vidas de otros. Esto es una perversión ya que, al no tener el coraje de asumir nuestra propia cruz, le exigimos a los demás que también carguen cruces ajenas. Y así, el sistema se multiplica, el ego sigue reinando en un mundo de hipocresía donde nadie quiere hacer lo que hace y se juzga de egoísta al que dice "basta", al que quiere bajarse de esta locura, y transitar su vida.

Así es que hoy vengo a abrazar a todas esas personas a quienes tildaron de egoístas. A los que se animaron o quieren animarse a hacer su vida, y fueron criticados. Cuando la tiranía es ley, la revolución es necesaria. Y, en un mundo de hipocresía, no hay nada más revolucionario que seguir a tu coherencia emocional.

Ya la cruz deja de ser un símbolo de sufrimiento y pasa a ser un llamado de paz, un recordatorio de que a esa cruz la elegimos y tenemos obligación de cargarla porque nos pertenece, porque nosotros somos esa cruz. No hay diferencias entre el cargador y su cruz, es la misma persona, única, indivisible, perfecta y total.

Por eso, querido amigo, querida amiga, quizás nadie te lo dijo, pero no hay nada de malo en ser quien sos. El camino de la coherencia emocional, tu cruz, es un camino que da mucho miedo porque desde la niñez te han separado de ella. Te han dicho que no valés, que lo que sentís está mal, te han censurado y te han cargado cruces de todo tipo y color. Pero hoy te libero, hoy te digo que el reino es tuyo, que tenés un cheque en blanco para ser quien quieras ser. Y que, con esta vida, que es la única vida que tenés, podes hacer lo que quieras.

Te repito: no es de egoísta ser quien sos. Y te aseguro que, cuando por fin aceptes quien sos, aceptes tus luces y tus sombras, vas a amigarte, vas a entender que esa cruz es bella y la vas a llevar con alegría. Así, cuando por fin la búsqueda termine, cuando todas las metas pierdan su sentido, vas a entender que no hay nada más bello que ser quien sos. Que, de nuevo, tu mayor regalo al mundo es ser quien sos. ¡Vas a brillar con luz propia, los demás van a sentirse un poco incómodos al ver tu luz (porque nunca hasta ahora abrieron los ojos), pero poco a poco van a poder ver gracias a tu luz y van a poder brillar con la propia!

Y así, luz a luz, sol a sol, vamos a iluminar a toda la oscuridad del deber ser, para que cada persona pueda aceptarse, pueda reconocerse como perfecta y completa, y haga lo que sienta que quiera hacer. Con esto, no me cabe duda, vamos a lograr un mundo mucho más justo y en paz en el que la sonrisa sea el lenguaje que todos hablemos.

Te mando un abrazo.

CAPÍTULO IX

El caramelo más rico

Cuando era chico, de vez en cuando, mi papá me regalaba una bolsa de caramelos de variados sabores y siempre me hacía la misma pregunta:

—Hijo ¿cuál es el caramelo que más se disfruta?
—El de menta.
—No.
—El de tutifruti.
—Tampoco.
—El de naranja— ninguna respuesta parecía satisfacer a mi padre.
—No se trata de sabor... El caramelo que más se disfruta es el último. Los primeros, los comés como si fueran infinitos, como si la bolsa no se fuera a vaciar nunca. Los tragás casi sin saborear, vas comiendo y comiendo, total quedan muchos. Ya cuando van quedando menos, los empezás a disfrutar, moderando su ingesta. Y, cuando queda uno solo, a ese lo disfrutás un montón.
—Entiendo.
—Por eso, hijo, no esperes a que lleguen los últimos caramelos para disfrutarlos.

Este consejo de mi padre es muy importante para mí, por eso, quería compartirlo con ustedes.

Uno de los problemas más graves que tenemos es que somos seres que nos creemos eternos con instantes de finitud. Vamos por la vida creyendo que los días son infinitos y estamos en ese loop (bucle) de inconsciencia. De vez en cuando, recordamos que nuestro paso por esta vida es temporal, pero más temprano que tarde, se nos olvida y volvemos a creernos inmortales, gastando nuestras horas como si fueran eternas en situaciones o acciones que no nos llenan ni nos llevan a ningún lado.

Generalmente, un hecho externo nos advierte de nuestra finitud. Una muerte cercana, un hecho que nos aflige, el avance o retroceso de alguien, las canas y arrugas que afloran a nuestro alrededor y en nuestra propia cabeza y rostro. O simplemente al observar que eso que creíamos que nunca se iba a acabar... se está agotando.

Vamos por la vida pensando que todo son caramelos, y que son infinitos. Pero, poco a poco, caramelo a caramelo, la bolsa se va quedando vacía. Al principio, no nos preocupa, total hay muchos. Luego empezamos a fingir demencia y miramos para otro lado, seguros de que todavía quedan varios. Pero, ya en el final, los caramelos son pocos, y uno no quiere que se terminen, por lo que vamos demorando su ingesta, vamos saboreándolos porque ya no quedan muchos. Y el último caramelo se disfruta plenamente, se siente todo el sabor, toda su textura, lo sentís disolverse en tu lengua y pasar por tu garganta. Y, a veces, al terminarlo, nos quedamos pensando por qué comimos tan rápido los demás caramelos.

Creo que los caramelos son un buen ejemplo de todas esas cosas que disfrutamos pensando que son infinitas. Con los días de vacaciones también sucede. Al principio, descansás, no los aprovechás al máximo porque te quedan muchos días por delante.

Escribiendo esto, me vino a la memoria una anécdota muy tierna de cuando me mudé solo. Mis padres, generosamente, me habían provisto de alimentos y víveres para arrancar mi camino. Lo primero que consumí fueron las verduras y las carnes. Luego, los alimentos no perecederos, como las arvejas y fideos. El papel higiénico, jabones y elementos de limpieza se agotaron y fueron reemplazados.

Pasados unos meses, solo me quedaba una caja de fósforos que incluía 222 unidades. Al abrir la caja, veía tantos fósforos, que pensaba que eran infinitos. Pero tiempo después, los fósforos empezaron a acabarse. Yo guardaba en la misma caja los usados. Era muy impactante ver cómo los fósforos negros se acumulaban y los rojos se agotaban. Cada vez que prendía uno lo disfrutaba, y realmente me enojaba cuando no podía prender el fuego de la hornalla y tenía que gastar otro escaso fósforo para la misma acción. Más tarde, empecé a utilizar encendedores para no consumir esos pocos fósforos que quedaban en la cajita. Incluso prendía con el encendedor los fósforos usados, y los podía reutilizar. Me parecía muy tierno poder disfrutar de algo así. Era como mi ritual diario para honrar a la impermanencia, para sentir que todo se estaba agotando.

No lo vivía como algo negativo, sino como un acontecimiento que me ayudaba a tomar consciencia de esos caramelos y fósforos que fui gastando sin disfrutarlos. El último fósforo fue un espectáculo. Lo tenía guardado y no lo usaba. Hasta que un día mi encendedor se quedó sin gas, mi segundo encendedor también, justo a la hora de preparar la cena. Lo saqué, sonreí y sentí cómo terminaba una etapa y comenzaba otra.

Hoy en día conservo ese fósforo quemado como uno de mis recuerdos más bonitos, ya que me recuerda lo efímera que es la vida. Uno piensa que es eterna, pero no lo es. Una vez, el dulce John de 43 años se encontró con una estrella fugaz:

—¡Wow! ¡Una estrella fugaz!—se sorprendió John.
—Los fugaces, en verdad, son ustedes—le respondió la estrella fugaz.

Y sí, los fugaces somos nosotros. Pink Floyd, en su canción *Time*, dice:

The Sun is the same, in a relative way.
But you're older.
Shorter of breath.
And one day closer to death.

El sol, las estrellas, las montañas... todos nos ven como un mero instante. Ellos siguen ahí, pero nosotros estamos cada vez más viejos. Ellos, asimismo, envejecen, pero su umbral de vida es mayor. Y nosotros, vamos lo más campantes creyendo que todo es eterno, que somos soles, estrellas y montañas, pero la vida se disuelve, pasa, se gasta segundo a segundo.

Hay una vieja discusión sobre si el paso del tiempo es rápido o lento. Hay argumentos para ambas posturas, pero creo que la definición está condicionada a la vida que hemos transitado.

Sostengo la teoría de que el tiempo es rápido y lento a la vez. Ya lo he escrito en el capítulo sobre el piloto automático, al principio del libro, pero me parece importante retomarlo ahora que hemos avanzado en esta forma de sentir. El tiempo se nos disuelve cuando no disfrutamos, cuando estamos en piloto automático, cuando creemos que los caramelos son eternos.

La vida nos da muchos caramelos, nos da 222 fósforos para poder usar. Son un montón, el tema es vivirlos conscientemente. Lógicamente, vamos a malgastar muchos caramelos y fósforos, pero... es posible cambiar la ecuación para empezar a disfrutar más de todas esas oportunidades que nos da la vida.

Si creés que todos los días son iguales, te tengo que decir que no es así. Tal vez vos lo vivís así porque no estás muy conectado a tu vida. No te juzgo, a mí también me pasa. Cada día tiene momentos singulares, y observarlos puede ser un paso adelante para sentir que estamos viviendo, que el tiempo pasa, pero no tan rápido como pensamos que pasa. No en vano, no sin más.

La vida es lo suficientemente larga para poder realizar todo lo que soñamos. Pensá en todos los años, en todos los meses, en todas las semanas, en todos los días, en todas las horas que tenemos. Sin lugar a duda, son un montón, y con ellas podemos hacer lo que queramos. El tema es que justamente, no hacemos lo que queremos. Vamos viviendo nuestra vida, nuestra única vida (que se va y no vuelve), siguiendo mandatos de otras personas, siguiendo deberes, tareas, rutinas que no nos llenan, que no están en sintonía con lo que somos.

Y, cuando la norma (lo normal) es hacer algo que no querés hacer, la vida ciertamente se transforma en una angustia constante. Nos vamos convirtiendo en autómatas, en máquinas, en seres torpes y toscos, vamos adormecidos porque estar despiertos y ver en qué hemos convertido a nuestra vida nos da mucho terror. Y así nos vamos perdiendo del bello milagro que tenemos adelante nuestro. De un vaso con agua, de la sonrisa de los hijos, de un almuerzo con tus padres, de la brisa de primavera que entra por la mañana en la escuela. Nos perdemos de esos pequeños instantes que brotan, segundo a segundo, porque estamos reprimidos, estamos con bronca, con angustia.

Por eso, el mayor regalo que le podés hacer al mundo es ser quien sos. Si seguís a tu coherencia emocional, las montañas se van a inclinar para agradecerte. El sol va a darte luz y las

estrellas van a estar felices de alumbrar todo el firmamento cuando llegue la noche.

A propósito de esto, cuenta la leyenda que cuando el Buda despertó, todas las flores del mundo llovieron de alegría. Eso pasa cuando por fin nos animamos a seguir a nuestra propia coherencia emocional. El universo entra en sincronicidad, todos los caramelos se vuelven ricos, todos los fósforos alumbran a la vez. Y es que, todo sigue siendo igual, solo que lo percibimos de una manera distinta.

Y es así, querido amigo, querida amiga, que, al seguir nuestra coherencia emocional, podemos llegar a un bello estado: el de la gratitud. Una persona que agradece es una persona que se encuentra en un estado sensible, y es capaz de percibir todos los acontecimientos dichosos que está viviendo. La gratitud genera un pensamiento abundante. Y la abundancia es algo muy íntimo. El tener es cuantitativo, en cambio, la abundancia es cualitativa. El tener necesita poseer, la abundancia, en cambio, trata de percibir. Uno puede ser abundante en un desierto y sentirse desdichado en la inmensidad de la selva. Por eso, quien practica la gratitud, está eternamente condenado a disfrutar de cada caramelo que llegue a su boca.

La vida es muy larga, si estás consciente. Si practicás la gratitud, vas a sentir tantas experiencias a lo largo de tu vida que no vas a poder sentir que la vida es breve. Solo una persona que no vivió puede creer que la vida se le escapó. Sólo una persona que disfruta del último caramelo puede sentir que la bolsa era demasiado pequeña. Pero si una persona puede frenar y sentir todo lo que está sucediendo al mismo tiempo, cada caramelo puede ser una fiesta.

Deseo de corazón que no tengas que llegar al último caramelo para empezar a disfrutar.

Te mando un abrazo.

Este cielo es un infierno

El ego espiritual es lo peor que hay. Una consultante que vengo tratando desde hace tiempo de forma intermitente me abordó después de varios meses sin verla. Ella es de Costa Rica y es una exitosa nutricionista holística que ha buscado, durante toda su vida, distintas terapias alternativas y espirituales para sanar distintos problemas y heridas de su vida. Se pasó buscando la mejor técnica posible para ser la mujer más espiritual del mundo. Quería dejar de sufrir y empezar a disfrutar.

Ella tenía todo, pero no tenía nada, nada le alcanzaba. Entonces, recurrió a la meditación y se fue a la India a "encontrarse". Le pregunté por qué se había ido tan lejos para encontrarse. Tal vez, para eso, le hubiera resultado más útil salir al jardín de su mansión. Le hubiese salido más barato y no le hubiese insumido tanto tiempo.

Esta buscadora espiritual tenía tanto miedo a los pecados profanos de la vulgaridad terrenal, que no podía permitirse ser una persona con ego. Ella se decía: Soy muy espiritual no necesito del dinero. Soy muy espiritual por eso, me aburre estar en el mejor centro de salud de toda Costa Rica tratando a millonarios. Soy muy espiritual y no necesito que mi pareja tenga dinero, yo la amo por su corazón. Así se fue perdiendo en ese laberinto enfermizo de las religiones que dividen a la totalidad en dos, en una dualidad bueno o malo, y se olvidó de sí misma.

El que come una manzana del árbol del bien y del mal es expulsado de algún paraíso, de algún Edén, pero esto parece no importar a los fariseos espirituales.

Fue así como mi querida consultante se fue perdiendo en ese juego del ego espiritual. Se fue mutilando, se fue agrediendo sistemáticamente para encajar en los estándares de la mediocridad hindú. Fue apagando su esencia, su llama, su singularidad, para poder decirse: Soy una persona espiritual.

El problema fue que, como ninguna terapia ni escuela le daba alivio, ella seguía buscando afuera. Buscaba y buscaba, practicaba cuánta terapia o método encontraba y cada alternativa le daba un alivio temporal que, rápidamente, la hacía caer en la realidad de que su vida no era lo que ella quería que fuera.

Mi espacio no le gustó mucho que digamos. Le resultaba incomprensible, no entendía nada de lo que le decía. Estábamos en dos paradigmas totalmente diferentes. Ella quería llamarme maestro y quería ser mi aprendiz. Yo le decía: Soy Fran, amigo de un gatito llamado Sr. Pantuflas, voy a ser tu amigo, pero nunca un gurú o un maestro.

En esa tesitura, ella me pedía que le diera el paso a paso de cómo ser feliz. Ella tenía la idea de que conmigo iba a meditar, realizar ayunos y recitar mantras a la luz de la luna. Yo, en cambio, la invité a merendar una chocolatada con facturas en modalidad online. Ella quería leer doctrinas, y yo le contaba cuentos. Ella quería ser maestra de mi método, mientras yo le hablaba con parábolas de todas las culturas posibles.

Un día se enojó y me dijo: Fran eres un amor, pero no entiendo qué tengo que hacer, siento que no tengo que hacer nada. Me reí mucho con su frase, la cual tiene una profundidad increíblemente bella.

Le contesté: No saber es lo más íntimo, ese es uno de los secretos del zen. Hay una historia que se transmitió de boca a boca en China que explica tu reflexión. Cuanto más aprendemos y sabemos, más lejos estamos de nosotros mismos y de nuestra verdadera naturaleza. Había una vez una mujer muy parecida a vos que quería aprender del zen. Buscó a un maestro y le preguntó: "Maestro, ¿puedes enseñarme todo lo que sabes sobre zen?". El maestro zen la invitó a sentarse y le ofreció un té. Comenzó a servir la infusión, pero no se detuvo cuando la taza estuvo llena, sino que siguió vertiendo el líquido sobre la mesa. La mujer parecida a vos observó esto desconcertada y le dijo: "¡Maestro, la taza ya está llena! ¡No puede contener más té!". El maestro zen respondió: "Así como esta taza no puede contener más té, tu mente no puede contener más conocimiento. Si quieres aprender zen, primero debes vaciar tu mente de todo lo que ya sabes".

¿Lo captaste?, pregunté a mi consultante de Costa Rica. En lugar de buscar conocimiento externo, el zen te invita a buscar el conocimiento interno por medio de la reflexión introspectiva que refleja el mundo exterior en vos. Al dejar de lado nuestras ideas preconcebidas y nuestros conceptos, podemos comenzar a ver el mundo tal como es, sin la distorsión de nuestra propia interpretación e ilusión que hemos construido en base a preconceptos que te apartan del momento presente. Por eso, el no saber, no significa ignorancia o falta de conocimiento, sino más bien, una disposición a dejar de lado nuestros prejuicios y estar abiertos a nuevas experiencias y perspectivas.

A través del no saber, podemos descubrir nuestra verdadera naturaleza y encontrar la paz y la armonía en nuestra vida diaria. No es algo externo que te define, sino que sos vos en pura esencia conociéndote instante a instante. El conocimiento previo y los prejuicios pueden limitar nuestra capacidad de aprender y comprender nuevas ideas. Para aprender sobre el zen, para ser un poco zen, debemos estar dispuestos a dejar de lado nuestras ideas que aprendimos y abrirnos a lo nuevo.

Es, a través del no saber, que podemos encontrar la verdad y la sabiduría en el zen. Vos, querida amiga, tenés que vomitar toda la ciencia del bien y del mal que anduviste ingiriendo durante todos estos años. Son todas esas teorías y rituales los que te han envenenado. Yo no voy a ser cómplice de tu padecer, no voy a poner otro clavo más en tu ataúd, solo puedo ofrecerte una oportunidad de probar algo distinto: que busques en vos, que dejes de seguir afuera a maestros y te empieces a seguir a vos misma. Que seas, por primera vez, sutil, maleable, que te contradigas y que disfrutes de todo ese enorme y bello quilombo que sos vos en tu totalidad. No más gurús, no más maestros, ¡¡ya está!! No quiero que medites en el bosque, relájate en tu cama *king*. No quiero que recites mantras, escuchá tu canción de Shakira favorita. No quiero que hagas prácticas raras de movilidad, andá a jugar al tenis con tu amiga. No sé más qué te puede dar placer, pero, lo que sea, hacelo. Sin tapujos, hay más espiritualidad en ser quien sos que en perseguir teorías de otros.

Ella me contestó: Es que voy a ir al infierno y reencarnar en un mosquito por todo mi karma de no ayudar a nadie. Hoy estoy mal porque no puedo enamorarme de una persona que me ama. Hace unos meses volví a mi pueblo y me encontré con un compañero de escuela que estaba enamorado de mí. Salimos una vez y hubo cierta atracción. Pero es que él no tiene un buen pasar económico y tampoco es muy atractivo. Le di una oportunidad, porque eso es lo que hace una persona espiritual: despojarse de juicios, no importa el dinero ni la belleza, lo que importa es que sea buena persona. Pero te tengo que decir la verdad: dentro mío, en cada cita, iba creciendo una tremenda bronca, cada vez que lo tenía que llevar a su casa o pagar la cena. Luego de unos meses, decidí terminar la relación, él me busca y yo siento mucha culpa por ser mala persona.

Le contesté: Observá cómo surgen las contradicciones entre lo que sos y lo que te dijeron que tenés que hacer. Observá el revuelto de teorías que metiste en tu vida, que te confunden y te hacen doler. Decís que vas a ir al infierno o reencarnar en un mosquito por no darle bola a alguien que no se adecua a tus criterios. Me gusta que hayas traído un tema tan terrenal porque solemos caer en temas abstractos cuando hablamos de coherencia emocional y de la importancia de seguir tu propia verdad. Mi sistema de creencias me impide creer en algo superior, me impide creer que haya aquí o allá. Creo que no hay diferencias entre vos y yo, entre las teclas que estoy oprimiendo en este momento y la sangre de un cocodrilo en el Cairo. Creo que todo el universo es una unidad y que cada átomo está en su lugar.

No es posible separar nada, ningún átomo del universo tiene un valor singular e independiente de la totalidad. Por eso, no creo en las dualidades, por encima de alfa y omega se encuentra el todo. Todo es sagrado, todo. No hay nada que no esté en su lugar, no hay nada que no sea bellamente perfecto. Pero acepto el desafío: voy a sacarme mis creencias y voy a entrar en tu forma de creer, voy a entrar en tu dualidad, en creer que hay cielo e infierno, voy a creer que existen personas buenas y malas, voy a creer que existen castigos y buenaventuras. ¡Ya está! Estoy en tu sistema de creencias, estoy viendo la dualidad, estoy viendo, en este momento, el cielo y el infierno. Estoy viendo las caras de los santos y la de los pecadores. Estoy viendo las rutinas de los que se encuentran al costado de Dios y a los que arden con el ángel caído. Estoy viendo todo, estoy presenciando todo y creo, sin temor a equivocarme, que he sido castigado con el fuego eterno, mi destino es el infierno, pero te puedo observar a vos con tu rostro angelical y lleno de luz celestial al lado de Dios.

Continué con mi irónico relato: Lo veo a Dios un poco cansado, tenso, irritado. Y es entendible que esté así, a su lado hay miles de alcahuetes y lamebotas que le preguntan todo. Que están rezando en el templo, al que llegan muy puntuales. Que vienen

corriendo a decirle que el otro no es tan santo. Tienen los vestidos más prolijos del mundo, la barba bien delineada, las trenzas bien hechas, se saben al detalle los pasajes de la Biblia, la estudian de memoria, hasta le toman examen a Dios (lo corrigen diciendo que lo que dijo es una interpretación que no concuerda con las doctrinas de la teología). Adán y Eva, al probar el fruto del árbol del bien y del mal, tomaron consciencia de que estaban desnudos y se ocultaron tras un arbusto por la vergüenza que les daba. Ahora Dios se está escondiendo en los arbustos del Edén para dormir la siesta, lejos de sus santos, ya que no le dan un segundo de paz. Aunque es inútil, siempre lo encuentran.

Lo están enfermando al pobre viejo, no le dan un minuto de descanso. ¡Los santos están por matar a Dios de tanto que le rompen la paciencia! No te das una idea, querida amiga, la cara de molesto que tiene Dios, se quiere matar. De vez en cuando, se acerca a las puertas del Edén y, mirando hacia abajo, ve al infierno entero, a los pecadores y no ve a nadie jodiendo a Satanás. El ángel caído anda descansando aquí y allá, juega a videojuegos, duerme la siesta y tiene orgías por la noche, pero Dios no tiene tiempo para ningún placer mundano, ya que rápidamente vienen sus santos a decirle que eso es pecado. Es más, ni siquiera puede pensar en eso, porque uno peca con la acción, pero también con el pensamiento. Pobre diosito lindo, tan viejo y sin poder descansar. Llegó un momento en el que no aguantó más y le hizo una barba gigante al arcángel Gabriel. Le puso una túnica y le dio la orden de que fuese Dios por un rato. Dios se vistió de vagabundo, al estilo Gandalf en el Señor de los Anillos, y se mandó a mudar. Se fue al infierno.

Mi consultante no podía creer lo que escuchaba, pero yo seguí, en el mismo tono. Dios bajó y vio algo raro: todos estaban en pecado, todos eran pecadores, profundos pecadores... pero cada uno hacía la suya. Empezó a observar los rostros. Se encontraba John Lennon cantando Stand by me acostado desnudo en una cama gigante con catorce a veinte mujeres que lo abrazaban y disfrutaban de su música. También estaba Galileo Galilei en la terraza de su mansión, viendo las constelaciones con Stephen Hawking. No faltaban Oscar Wilde y Alan Turing bailando en una disco temas tocados en vivo por Avicii. Hasta vio a Diego Maradona jugando al fútbol con Facundo Cabral y las brujas prendidas fuego en la Inquisición. También estaban Aristóteles y Platón, Cleopatra y Julio César besándose desenfrenadamente, el viejo Lao Tse y Confucio, Rumi y Nietzsche, Gustavo Cerati y Picasso, Aquiles y Héctor. ¡Estaban todos los científicos, artistas y deportistas de la historia en el infierno! Y de tanto deambular, se cruzó a Jesús, su hijo, en el infierno, charlando con Buda Gautama y Mahoma de la última serie de Netflix. ¡Estaban todos! ¡No faltaba nadie! Diosito lindo no podía creer todos los pecados que estaban generando, pese a que todos estaban en paz. Hasta su hijo estaba tranquilo hablando con sus amigos. Y él, Dios de todo el universo, creador de los cielos y de la tierra, estaba huyendo de su reino porque estaba lleno de alcahuetes que le rompían la paciencia a cada rato.

Me encontré a Dios deambulando por el jardín de las almas perdidas. Lo invité a jugar al básquet y después a comer salamines y quesos de Tandil en mi departamento. Nos acostamos en el sillón y el Sr. Pantuflas se puso encima de él a ronronear y hacerle masajitos a su barba con sus patitas. Dios entró en un profundo sueño gracias a Pantuflas. Lo tapé con una manta y lo dejé dormir. No te das una idea, querida amiga, cómo descansó el Dios todopoderoso. Al otro día, se levantó con más vitalidad, se lo notaba descansado. Me dijo que yo era un pecador y que le alegraba que así fuera. Me dijo que mi vida era un poco enquilombada. Yo le dije que sí, era verdad, pero yo no era el que estaba perdido. Diosito se fue sonriendo, paseando por todo el infierno y viendo a todos de nuevo. Al volver al cielo habló con el arcángel Gabriel y le dijo: "Creo que nos hemos equivocado, este cielo es un infierno".

Mi amiga de Costa Rica me escuchaba en silencio. Yo seguí con mi relato: Amiga, imaginate todo lo que te estás perdiendo por seguir códigos de convivencia que no te pertenecen. ¿No te cansa ir en la búsqueda de tu espiritualidad? La búsqueda te está alejando de tu verdadera espiritualidad, de tu real esencia, de tu fragancia original que se mezcla con todo lo que hacés. Es más, ir en la búsqueda, genera el efecto contrario, mientras más buscás más te alejás... Es como querer dormir y contar ovejas... ¿Qué hay que hacer para dormir? Nada, simplemente no hacer nada, relajarse para que el sueño nos abrace. De hecho, las personas que realmente saben meditar se duermen profundamente en la meditación, ya que el arte de meditar en hazen (meditación sentada) consiste, precisamente, en no hacer nada, por lo tanto, el sueño sucede en la meditación.

Pero, claro, a vos el no hacer te envenena, te molesta, ya que toda la vida te dijeron que estabas fragmentada, vacía, indefensa e incompleta. Pero en esta oportunidad, y en todas las que vengan, solo puedo decirte una sola cosa, la única reflexión de valor que puedo darte es: Sos suficiente en todos los sentidos que tiene la expresión, no hay nada malo en vos. Sos la que sos, y es así, no tiene nada de cruel o grosero, simplemente sos en totalidad, ya que cada ser humano es un mundo, es una totalidad inmensa e inconmensurable que si cae en el error de juzgarse con mediciones de otros va a terminar perdiéndose en un espiral de dudas y agresiones.

¿No te das cuenta de que vos estás haciendo del cielo un infierno? Ni Dios te va a aguantar si vas todo el tiempo a decirle que sos la mejor cristiana y que los demás son pecadores. Dios te ama como sos, en sinceridad, no es necesario ir a rezarle ni saber la oración. En realidad, la oración que le importa a Dios es la que sale del corazón... Los encuentros con la divinidad siempre son cualitativos, y no cuantitativos. No importa decir "te amo", "permiso", "por favor", "te quiero" o cualquier frase tierna si la repetís todo el tiempo por inercia, y no con consciencia.

Dios quiere ser tu amigo. Quiere que salgas a pasear con él, que le cuentes un chiste, que lo invites a comer o a ver un partido de Boca Juniors. No quiere que le rompas las pelotas, no quiere que vayas a su casa a molestarlo con lo que hiciste (o dejaste de
hacer) ni para contarle lo que hacen los demás. Dios, el todo, el universo, el ahora, el momento presente, la consciencia o como quieras llamarlo, quiere que pases tiempo de calidad, que seas sincera en tu llamado. La oración predilecta es el amor, es tu coherencia emocional y eso quizás puede ser un único pensamiento de gratitud con él en todo el año. Eso es mucho más real y sano que rezar mil padrenuestros arrodillada en la catedral. Vale más que destruir tus lumbares por estar meditando nueve horas por día debajo de un árbol.

Lo que sale del corazón es inconmensurable, lo que sale del ego es una simple manipulación que te separa de la presencia con el todo. En el infierno, se encuentran los juzgados, los que no pasaron, los que no aprobaron, los pecadores, los que no eligieron seguir la verdad. Y, para sorpresa de los fariseos alcahuetes de Dios, hay más espiritualidad en el infierno que en un cielo gris, insulso e inerte de vástagos adoradores. Y lo digo así porque estoy en tu sistema de creencias, tuve que graficar todo en la dualidad para que entiendas, para que puedas comprender el punto. Pero yo no quiero elegir entre dos bandos. A mí no me gusta la dualidad o, mejor dicho, la trasciendo observando por arriba de ella.

No existen santos que no cometan pecados ni pecadores que no tengan acciones santas. Para mí, el cielo o el infierno es lo mismo, el santo y el pecador es lo mismo. No existe ningún santo que no sea pecador ni ningún pecador que no tenga acciones santas. el que es un alcahuete o el que vive su vida es lo mismo: afuera no hay nada, afuera hay silencio, afuera no hay orden o caos, afuera no hay bien o mal, afuera no hay aquí o allá, afuera no hay pasado ni futuro, afuera solo se encuentra la unidad de todas las cosas en el ahora, en el uno. Por eso, el que quiera gastar su vida rezando, que lo haga, el que quiera gastar su tiempo trabajando, que lo haga, el que quiere gastar su vida viajando, que lo haga, el que quiere cielos o infiernos, que lo elija. No hay sentidos, no hay destinos, no hay orígenes, no hay nada. No tener rumbo es la bendición más grande que existe. Podemos hacer lo que queramos sin temor a fracasar, sin temor a fallar, sin temor a perder... ¡Es un cheque en blanco para ser vos! Querida amiga, en un tiempo, vas a lamentarte más por lo no hecho que por lo hecho. Por los orgasmos no dados ni generados, por los viajes no consumados, por las rutinas que no surgieron, por los besos y las caricias que no se dieron.

Vas a sentir una enorme culpa al entender que vos fuiste tu propia carcelera en una cárcel que te inventaste para separarte de tu totalidad, de tu propia singularidad. Yo te quiero libre, loca, bonita, pecadora, atrevida, sensible, romántica o lo que se te cante las tetas ser. No te juzgo, no te condeno, solo tengo compasión por vos, solo tengo el deseo más sincero de que te enamores de vos misma. Todo lo que te estoy diciendo es para ir moldeando tu cabeza, ese hermoso cerebro que se encuentra invadido por tantas ideas de otros. Estoy queriendo confundirte, distraerte, darte una sacudida de historias y frases para que entiendas lo irrelevante de conservar cualquier postura, incluso la mía. Mirá el caso que me planteaste al llegar: "Dentro mío iba creciendo una tremenda bronca en cada cita, cada vez que lo tenía que llevar a su casa o pagar la cena". Afuera no hay nada, siempre estamos rodeados de nosotros mismos. El ruido exterior es el reflejo del ruido interior. La bronca es tuya, te pertenece, es causada por no aceptarte, por no seguir tu coherencia emocional. No existe la bronca en el momento presente, es imposible. El rencor solo es posible cuando pensamos en el pasado. Vos le estabas dando una oportunidad a una persona no atractiva y que no está a tu altura en lo económico. Seguramente, si decís esto en una congregación religiosa te van a aplaudir. Vas a ser justa entre las justas... pero no vas a ser vos.

La persona que alcanza la justicia no puede reconocer la totalidad. El que no abraza su sombra jamás va a ser una persona completa. Una persona buena jamás será una persona completa. Pero yo te pregunto: ¿a dónde te llevó la justicia? ¿Estás segura de que lo que hiciste fue lo justo? ¿No te parece que al hacer algo que no querías estabas siendo injusta con vos? ¿Qué tiene de malo ser vos? ¿Cuál es el problema de tener estándares y criterios? Yo los tengo, y te aseguro que no tenerlos es ciertamente una desvalorización con uno mismo. Yo no quiero que seas una buena persona... quiero que seas una persona completa, que es diferente. Sé vos y no sigas las conductas que imponen distintas religiones o filosofías. Eso te aleja de vos, de tu sentir, de tu esencia. El cuerpo te está dando señales y vos conscientemente estás eligiendo desoírlas, y esa historia no termina bien. Dentro tuyo la angustia se multiplica, segundo a segundo, porque estás siendo injusta con vos. Mi regalo para darte es un certificado de inocencia.

No sos culpable, no sos una mala persona. Simplemente, hay personas que no te gustan, y no está mal. También habrá trabajos, situaciones, contextos, hábitos, rutinas que no te llamen la atención, y está bien. Lo único que tenés que hacer es soltar la ilusión de control, dejar de buscar afuera, en maestros, filosofías y en gurús las respuestas que se encuentran dentro tuyo. Sé vos y el universo conspirará a tu favor. Escuchá a tu corazón y este te llevará por los caminos de tu coherencia emocional. Esta te está diciendo que esa persona no es para vos, y está bien. No seas una alcahueta de Dios, no vayas a mostrarle que cumpliste. El que ama lo que hace no tiene necesidad de mostrar que ama lo que hace, lo hace, extasiado en esa coherencia que disfruta instante a instante.

No le tomes examen a Dios sobre Dios, solo tenés que ser su amiga. Una "persona espiritual" es aquella que se acepta a sí misma, que vive en coherencia emocional. Lastimosamente, se ha pervertido este hermoso término para vender y prolongar el sufrimiento. Te venden esperanza, se aprovechan de tu dolor y te ofrecen lograr la paz si cumplís a rajatabla todas las leyes y prácticas de sus ritos. Es lógico que te cueste tanto entender mi filosofía, porque yo no te impongo ninguna norma. No tengo túnicas ni oraciones, ni himnos o escudos, ni mantras o meditaciones. No creo en el cielo ni en el infierno. Ni soy del este o del oeste. No sé de tu vida, ni me interesa. Yo hago lo que puedo con mi vida, y con eso me basta.

La clave de la paz es abandonar el control y, por ende, la búsqueda para, por fin, aceptarse y ser uno con el universo. Desde ahora vas a ser una persona completa.

Te mando un abrazo.

CAPÍTULO XI

La belleza del plomo

Los alquimistas fueron los precursores de la química moderna. Eran magos, filósofos, místicos de épocas antiguas que tenían por meta transmutar el plomo en oro. Para lograr su cometido, buscaron la famosa "piedra filosofal" (sí, la misma que aparece en Harry Potter). Esta piedra tenía la posibilidad, no solo de transformar metales, sino también, de generar la vida eterna.

La búsqueda de la piedra filosofal fue la búsqueda de la sabiduría y el conocimiento del universo. Hoy en día, está muy de moda, parece ser una virtud que te consideren un alquimista. Pero, lamento decirte, que, según mi humilde opinión, uno de los peores insultos que te pueden decir es que sos un alquimista. Te lo explico. Un alquimista es alguien que busca, pero no busca lo que buscan las personas comunes. No buscan dinero, poder, sexo o comodidad. No, los alquimistas están más allá, están sumergidos en el ego espiritual y buscan la vida eterna. Y claro, la buscan porque gastaron su vida buscando. Recordá esto: el que busca no necesariamente encuentra, simplemente está buscando.

Buscar es una tarea a la que debés prestar mucha atención. Porque muchos no están interesados en encontrar, están más bien enamorados de la búsqueda. Cuando consiguen lo que buscaron, rápidamente salen a buscar otra cosa. El encontrar, en realidad, es una excusa para seguir buscando. Y es así como muchos se pasan la vida yendo de un lugar a otro, de una persona a otra, buscando algo que ni saben que buscan, pero saben que no lo tienen y, por eso, lo buscan. Así de enfermizo es el oficio de buscar. Y así de enfermizo es ser un alquimista.

Este grupo hermético no compartía sus saberes, tenías que pasar largas pruebas para acceder y ser uno más entre ellos. Y, una vez dentro, entrabas en la búsqueda de la transmutación, de la alquimia, de la piedra filosofal. En la actualidad, los alquimistas son alabados. Porque claro, en una sociedad enferma, el más enfermo es el más admirado. En una sociedad donde aprendiste de niño que eras insuficiente, que afuera estaban todas las respuestas, dedicar toda tu vida a buscar esas respuestas es propio de alguien virtuoso.

Pero, en realidad, el alquimista es alguien que malgasta su vida buscando algo que no se puede lograr. ¿Se dieron cuenta de eso? ¿Cuántos siglos, cuántas generaciones, cuántas vidas se han gastado para transmutar la sustancia del plomo en oro? ¿Tan necesario era ese oro? ¿Cuánto oro vale una vida? Los alquimistas buscaban la vida eterna para así buscar eternamente. Se les fue la vida buscando y ese es el modelo que parece que buena parte de la sociedad ve como justo de transitar.

Nunca el plomo fue suficiente, nunca la vida en sociedad fue suficiente. Nunca los placeres de la vida humana que les tocó vivir fueron suficientes. Nada les bastó, ellos pensaban que controlando las sustancias iban a poder lograr todo lo que querían. Pero no pasó, no pudieron. Todos los alquimistas han muerto sin lograr domar a la vida y es porque esta no puede ser domada ni comprendida en su totalidad. La vida no cabe en palabras, no cabe en expresiones, no cabe en una mente tan limitada como la de un ser. Ninguna pileta puede contener la inmensidad del océano. Pero los alquimistas, con su ego gigante, creían lo contrario. Y así pasaron los siglos, y nunca se pudo lograr la transmutación de ningún metal a oro.

Creo que todos somos alquimistas, de alguna u otra manera, porque aprendimos que buscar es una virtud. Esto me hizo acordar que, hace tiempo, una mujer me escribió muy angustiada bajo la premisa: Hay algo en mí qué está mal.

—Francisco, voy a dos psicólogos y no dan en la tecla. Fui a la iglesia y no me dieron respuesta. Hice registros, biodescodificación, me hice tirar las cartas, hice de todo, pero nadie me pudo ayudar.
—¿Qué te anda pasando?

—Tengo 42 años y nunca un hombre se enamoró de mí. Me ven dos o tres veces, y se van. No sé cómo se siente que alguien te mire con amor. Estoy muy cansada, Fran... bajé de peso, me mudé a otro país, cambié de actitud, de ropa, de criterios, di tiempo y espacio, fui sexual y no sexual, intenté todo, pero no llegó nadie que me quiera sanamente.
—Es entendible que estés cansada, no hay nada más desgastante que fingir ser otra persona. No se puede sostener por siempre una fachada, y cada día que pasa, más te vas erosionando.
—Sé que si cambio voy a lograr que me quieran. Pero no sé qué más cambiar... Algo roto dentro mío debe haber.
—No creo que sea un problema estar rotos, creo que todos, de alguna manera, lo estamos. El problema es no querer estar roto. Lo único que tenés que hacer es soltar la ilusión de control.
—¿Ilusión de control?
—Sí, ese control es miedo. Y al no lograr controlar, decidís controlar más, generando más dolor. Te manipulás y querés manipular a los demás. Los alquimistas querían controlar al universo, se pasaron la vida tratando de transmutar el plomo en oro, y no pudieron. Pero la tragedia no solo es haber perdido la vida buscando oro, sino también perderse la belleza del plomo. Nosotros somos plomo y oro en distintas áreas y situaciones. No hay nada de malo en ser quien en verdad somos. Para eso, tenemos que ser en honestidad, y la pesada mochila se va a liberar. Y así, sin buscar, vas a ver cómo alguien se va a enamorar de tu verdadera esencia.

La historia de esta mujer me recuerda que la obsesión humana por la transformación externa, por modificar aquello que parece imperfecto o insuficiente, ha sido una constante a lo largo de la historia. Los alquimistas, con su obsesión de convertir lo común en extraordinario, son el reflejo de esta tendencia que todos llevamos dentro. Una tendencia que nos impulsa a creer que siempre hay algo más, algo mejor, algo que, si lo alcanzamos, finalmente llenará ese vacío interno que tantos sienten.
Pero ¿qué pasa cuando nuestra búsqueda se convierte en nuestra esclavitud? ¿O cuando el acto de buscar se vuelve más importante que lo que realmente buscamos? Los regalos del

ego siempre son sacrificio, control y sufrimiento. Al final, los alquimistas, por más que buscaron, jamás encontraron la piedra filosofal ni el elixir de la vida eterna. Sin embargo, lo que muchos pasaron por alto es que, en el proceso, descubrieron muchos otros secretos, conocimientos y técnicas que sentaron las bases para la ciencia moderna. Pero ¿fue ese el verdadero tesoro? ¿O acaso el verdadero descubrimiento yace en el entendimiento de que la perfección, el "oro" que buscamos, no está fuera, sino dentro de nosotros?

La historia de la mujer que busca ser amada es otra representación de este deseo humano por encontrar algo fuera que complete lo que sentimos que nos falta dentro. Pero, como al alquimista, su búsqueda la lleva por caminos que no la acercan a su objetivo, sino que la alejan más de sí misma. Porque, en su intento de cambiar, de adaptarse, de ser lo que cree que otros quieren que sea, pierde su esencia, su autenticidad. Lo cual convierte a la mujer en una manipuladora que, en el mejor de los casos, puede lograr que su pareja ame a la máscara, pero nunca a ella misma.

Creo firmemente que no es la búsqueda externa lo que nos traerá la plenitud y la aceptación que anhelamos, sino el reconocimiento y el abrazo de nuestra verdadera esencia, con todas sus imperfecciones y matices. Es, en esa aceptación, donde encontraremos la verdadera alquimia, la que convierte nuestra existencia plomiza en una vida dorada, llena de propósito y significado.

Quizás, la verdadera piedra filosofal no sea un objeto o una fórmula mágica, sino un estado de conciencia, una perspectiva desde la cual veamos el mundo y a nosotros mismos, no como algo que necesita ser cambiado o mejorado, sino como una obra maestra en constante evolución. Y es ahí, en ese espacio de autenticidad y aceptación, donde hallaremos el verdadero oro de la existencia: la capacidad de amar y ser amados por lo que somos, no por lo que pretendemos ser.

La belleza del plomo es inmensa.

Te mando un abrazo.

Los rostros de Mateo

En Roma te podés perder, pero siempre vas a encontrar una iglesia. Hay muchas. En efecto, debe ser la ciudad con más templos. Cuando la visité, quedé asombrado por la belleza de sus calles, por su historia, por todo el arte que se expresa en cada espacio donde uno posa la mirada.

Hay una iglesia que pasa desapercibida, entre tantas otras de esta bella ciudad, pero, para mí, destaca porque esconde un gran tesoro. Es la Iglesia de San Luis de los Franceses. Allí se encuentran tres pinturas del italiano Caravaggio. Es curioso, en 1599, a este pintor le encargaron tres obras que representasen el ciclo de vida del apóstol Mateo. Las mismas tenían por fin decorar la Capilla Contarelli. Estas obras simbolizan tres momentos cruciales en la vida de Mateo: "La inspiración", "La vocación" y "El martirio". Cada una tiene su enseñanza. En este capítulo, me voy a detener en la que más me interesa. Y como me pasa con Siddharta, a mí me intriga el proceso por el cual una persona abandona una posición para generar un cambio en su vida.

Mateo, como les dije en capítulos anteriores, es mi apóstol preferido. Era un recaudador de impuestos, una de las profesiones más materiales de esa época. Respondía al poder de turno, tenía abundancia económica, tranquilidad, prosperidad. Pero, un día, Jesús vio a un hombre llamado Mateo, sentado en el despacho de impuestos y le dijo: "Sígueme", y Mateo se levantó y le siguió (Mateo 9:9).

La vocación de San Mateo representa el momento de la conversión del recaudador de impuestos, que pasa a ser el discípulo de Jesús. El cuadro es muy bello, hay oscuridad en el contorno y luz donde se encuentra Jesús acompañado por Pedro. La luz viene de afuera, de la puerta que abrió simbólicamente Jesús a esa vida que tenía Mateo. Luego, en el cuadro, solo sobresalen la mesa sobre la que hay monedas, la vestimenta ostentosa de los presentes y, en especial, sus rostros. Caravaggio hizo hincapié en sus rostros. Deténganse un minuto y observen bien el cuadro, observen las caras. Detecten que cada uno expresa una emoción distinta. Uno tiene cara de sorprendido, el otro baja la cabeza, hay uno que mira las monedas, otro que señala a otra persona haciéndose el desentendido, y uno que mira a Jesús.

Fui a Roma invitado a participar de una capacitación para alcaldes sobre el cambio climático y la búsqueda del sentido. La organización estuvo a cargo de un movimiento internacional de jóvenes llamado Schollas Occurrentes.[1] Quedé muy sorprendido con su estructura y, en especial, con su formación espiritual. Me dio mucho gusto compartir con tantas personas ideas que intentan dar sentido a las acciones diarias. Suelo evitar las capacitaciones sobre política ambiental, básicamente porque ya no me interesa nada referido a la política, pero asistí y disfruté de las actividades más reflexivas y espirituales que complementaban a esas aburridas charlas de expertos sobre política y medioambiente.

En una de las tareas, fuimos a la Iglesia de San Luis de los Franceses para ver la obra de Caravaggio. Schollas trataba de enseñar a los políticos que el llamado de Jesús, simbólicamente, representaba el bien común para sus habitantes. Y que, ante ese llamado, muchos políticos se quedan mirando las monedas, otros se hacen los desentendidos y unos pocos eligen seguir al maestro.

Me gustó ese llamado de atención a las motivaciones que tienen muchos de nuestros gobernantes. Pero más me llamó la atención la adivinanza que contaron: Caravaggio nunca dijo quién es Mateo. En esa mesa se encuentran cinco personas, con cinco rostros que transmiten emociones y gustos diferentes. El autor jamás reveló el secreto. Nos gustaría que entren a la

---

1. Organización Internacional de Derecho Pontificio aprobada y erigida por el Papa Francisco el 13 de agosto de 2013. Scholas nace para responder al llamado de crear y promover la cultura del encuentro, reuniendo a los jóvenes en una educación que genere sentido.

capilla y observen sus rostros y nos digan quién es Mateo. No hay respuestas incorrectas, ya que nadie sabe la verdad. El ejercicio está preparado para que puedan sentir cuál de esos cinco rostros representa para ustedes el llamado al bien común.

Por supuesto, la inmensa mayoría de los políticos, por norma general, afirmaron que se sentían representados por el que aceptaba a Jesús y lo seguía. Algunos, muy pocos, se animaron a decir que eran el que tenía miedo o dudas. Me dio un poco de esperanza observar a esos alcaldes que tenían la humildad de poner en duda sus intenciones.

Cuando escuché el desafío me pareció muy interesante y divertido. Creo que esa es la forma más sana y eficiente de enseñar. A través de cuentos, de subjetividades, de juegos... con esta metodología a uno lo invitan a abrir su corazón y sentir qué está pasando en nuestro interior.

A mí me hizo mucho ruido que un autor de la talla de Cara-

vaggio haya omitido tamaña descripción. Le encomendaron hacer tres cuadros de la vida de Mateo... ¿y en uno no se sabe quién es Mateo? No puede ser, tiene que haber algo más. Tan solo al mirar la obra especulé con que, a lo mejor, la intención de Caravaggio habría sido enseñar en su cuadro la enorme contradicción que sufrió Mateo al conectar, por primera vez, con su coherencia emocional.

¿Estás captando el mensaje? Todos son Mateo. Observá de nuevo sus rostros. Son cinco emociones, cinco sensaciones distintas y son, según mi opinión, las cinco emociones que vivenció Mateo al sentir, por primera vez, el llamado a seguir a su coherencia emocional. Él no estaba destinado a ser un recaudador de impuestos, en su corazón sentía que en su vida ese no era el camino. Pasó toda su vida en la sombra, en esa habitación completamente oscura que representa Caravaggio hasta que, un buen día, abre la puerta Jesús, lo señala y le pide que lo siga.

Y cuando esto ocurre, desde el ego, desde la soberbia, podríamos decir que somos el que mira a Jesús desde el primer momento. Pero no es así... cuando llega esa verdad, cuando llega ese rayo que te atraviesa en dos y te dice lo que en verdad sos, podés llegar a sentir muchas emociones. No es todo tan fácil, no te vas a levantar de una a seguirlo. Antes pasa algo, pasan muchas cosas. Podés sentir miedo, podés seguir mirando las monedas de oro, podés no prestarle atención, podés desentenderte, podés sentir miedo. Todo eso y más podés sentir porque sos un ser humano, sos un ser sensible, maleable, que va circulando de orilla a orilla, de polaridad en polaridad, tratando de buscar la felicidad y la paz, sin saber cómo. Sos un ser humano y estás haciendo lo que podés con tu vida. Para realizar cualquier sueño, cualquier objetivo, vas a experimentar muchas emociones y está bien, no tiene nada de malo.

Los soberbios dirán que pudieron de una, que sintieron el llamado, se levantaron y fueron en búsqueda de su verdad. Un día se levantaron y se pusieron a estudiar sin más, sacando dieces en cada materia. Un día se levantaron y bajaron de peso. Un día se levantaron y dejaron a su pareja. Un día se levantaron y lograron sus objetivos. Son los que piensan que Buda fue Buda porque un día se despertó, que un día logró la iluminación. Pero se olvidan de que Buda antes fue Siddharta, un príncipe rico, y luego un asceta que estuvo a punto de morir de hambre. Se olvidan de que a Siddharta le tomó casi treinta años abandonar el mundo material y seis escaparse del mundo espiritual. Estas personas son adoradores del Yo, y el ego es muy amigo del Yo, de la razón. Pero nos olvidamos de que las decisiones en verdad no las toma el Yo, sino que suceden, se van gestando, se van armando en un complejo laberinto llamado vida. Y que tu éxito, tu chispa, tu determinación actual fue causada por un cúmulo de no determinación y de fracasos. La polaridad positiva depende de la polaridad negativa, y la polaridad negativa, de la positiva. Esto es simple, pero los egocéntricos ocultan esta verdad porque no se permiten mostrarse vulnerables ni evidenciar que en un momento no pudieron. Quieren ser perfectos y son expulsados de la perfección al negar su perfecta imperfección.

Por eso, Caravaggio, en su sabiduría y sensibilidad, se animó a presentar a Mateo como a un ser humano que, a partir de un trueno tan poderoso como el llamado de Jesús sintió, en su mayor intimidad, una explosión de emociones. Nosotros, en nuestro fuero íntimo... somos una multitud. Nos pasan muchas cosas dentro, y no creo que esté mal. Caravaggio pintó esta complejidad en cinco personas, en cinco rostros, pero podría haber armado una legión romana entera, y todavía no alcanzaría para expresar todas esas emociones que nos atraviesan ante una situación tan movilizante como sentir, por primera vez, nuestro llamado.

En el capítulo EL NEGADOR DEL MIEDO hablamos sobre el problema que genera la represión de tu singularidad. El miedo participa en la vida, como también participan la alegría y la seguridad. En este caso, operan de la misma forma. No me parece malo aceptar que, ante un llamado, ante un desafío, sientas muchas emociones. No me parece malo que haya cinco Mateos en esa mesa. Los cinco son Mateo, es así, fue atravesado por cinco emociones que lo confrontaron.

A mí también me pasó y a todos nos pasa. ¿Cuántas veces hemos mirado para otro lado cuando sentimos que teníamos que hacer algo, y no lo hicimos? ¿Cuántas veces clavamos la mirada en las monedas (lo material), en vez de animarnos a seguir nuestros sueños? ¿Cuántas veces hemos sentido ira, angustia, miedo o tristeza por saber que no estamos pudiendo realizar el objetivo?

Me gusta pensar que somos esa multitud. Todas esas emociones son necesarias, todos esos "no puedo" son necesarios. Debemos soltar la ilusión de control, aceptarnos en totalidad, en completa honestidad. Siento que eso quiso expresar Caravaggio: un apóstol que sigue a Jesús es un ser humano que hace lo que puede con su vida. Para mí, ese es el camino a la budeidad, al despertar, a ser un maestro como lo fue el gran Jesús y tantos otros. No te niegues, hacé con miedo, caete, levantate, volvete a caer y volvé a levantarte.

Mirá las monedas, mirá hacia un costado, pero, más temprano que tarde, el sol va a brillar y vas a poder dar el paso hacia la luz de tu verdad, que es distinta a la mía, pero perfecta para vos... porque te pertenece.

Te mando un abrazo.

CAPÍTULO XIII

La Puerta de Alcalá

Siguiendo con mis aventuras romanas, entre ellas, destaco un juego muy interesante. En el barrio Trastévere nos habíamos congregado para compartir unas pizzas y hablar con todos los jóvenes de la institución Schollas. Éramos entre veinte y treinta personas de distintas naciones de Latinoamérica. Nos pusimos en ronda y hablamos de la vida, hasta que a alguien se le ocurrió jugar a un juego para distendernos un poco.

No pude retener el nombre de la persona en cuestión, pero era un profesor de arte que ayudaba, por medio de la pintura y la música, a muchos jóvenes que estaban pasando un momento delicado en sus vidas. Era un gran maestro porque también era un gran amigo. Te hablaba de igual a igual, en horizontalidad, con su temperamento y sus distancias, pero se notaba que tenía el don de gentes.

En vez de jugar a los juegos tradicionales, este pintoresco profesor propuso uno muy divertido. El desafío era repetir lo que él decía y, tras eso, "atravesar la puerta de Alcalá". Era un acertijo, y para señalar a la persona a la que le tocaba responder, entregó una botella de plástico vacía. Si no acertaba, tenía que pasar la botella a la persona que se encontraba a su derecha. El juego comenzó así:

—Pásame la botella, por favor, que la vamos a utilizar para señalar quién va a contestar.
—Sí, claro, aquí tienes—, dijo el joven que tenía a su lado.
—Gracias. Para atravesar la puerta de Alcalá es necesario usar la llave—. Nadie entendió el acertijo... ¿Qué llave? ¿Qué puerta? ¿Qué es Alcalá? Todos estábamos confundidos. La botella de plástico vacía pasaba de mano en mano, y nadie entendía. Lo único que sabíamos era que había que escuchar y repetir lo dicho, por lo que repetíamos: "Para atravesar la puerta de Alcalá", y agregábamos alguna palabra para revelar el misterio.

—Para atravesar la puerta de Alcalá necesitamos una señal.
—No son necesarias las señales—, contestó el profesor.
—Para atravesar la puerta de Alcalá es necesaria una palabra clave—, dijo quien seguía en la ronda.
—No son necesarias las palabras claves—, sentenció el profesor.
—Para atravesar la puerta de Alcalá se necesita ser una buena persona.
—No es necesario ser una buena persona.
Y así pasamos todos, fallando en la respuesta. Hasta que la botella vacía volvió al profesor.
—Gracias por darme la botella. Escuchen bien: Para atravesar la puerta de Alcalá se necesita llevar zapatos.
¿Llaves y ahora zapatos? What?! ¿Qué clase de brujería era esta? Seguía sin entender. Y así, pasaban las rondas y nadie entendía. Todos estábamos esperando que la botella vacía llegase al profesor para que nos diera otra pista.
—Gracias, bueno... Presten atención: Para atravesar la puerta de Alcalá se necesita cantar una canción.
Todos empezamos a preguntar sobre canciones.
—Para atravesar la puerta de Alcalá es necesario cantar canciones de rock.
—No son necesarias las canciones de rock.
—Para atravesar la puerta de Alcalá es necesario cantar canciones pop.
—Mmmm no, no son necesarias las canciones pop.
—Gracias por la botella, para atravesar la puerta de Alcalá es necesario cantar canciones de Led Zeppelin—, contestó una joven española.
—¡Sí! Exacto, para atravesar la puerta de Alcalá es necesario cantar canciones de Led Zeppelin.
Nadie entendió, yo menos... ¿Qué tenía que ver Led Zeppelín con la puerta de Alcalá? El acertijo siguió:
—Para atravesar la puerta de Alcalá es necesario cantar canciones de Led Zeppelín—, repitió alguien con la esperanza de acertar.
—No, no es necesario—, dijo el profesor con cara seria.

—Para atravesar la puerta de Alcalá se necesita escuchar música clásica.
—No, no es necesario escuchar música clásica para atravesar esa puerta.
—¡No! ¡Basta! Ya me cansé de este juego, gracias por la botella, pero paso, no juego más, no voy a sacar nunca este acertijo—, se quejó un joven argentino decepcionado.
—¡Sí! ¡Ganaste! ¡Entraste en la puerta de Alcalá!—, contestó riendo el profesor y la joven española.

De nuevo, nadie entendía (quizás ahora al leerlo puede parecer muy sencillo, pero esa noche les aseguro que no era obvio). Poco a poco, todos fueron entrando en la puerta de Alcalá. Decían cosas disparatadas como que te tenía que gustar Dragon Ball Z, tenías que llevar raquetas de tenis o requisitos similares, y acertaban. Cada turno que pasaba me ponía más nervioso al no entender qué estaba pasando.

Lo lindo de este juego fue que, al darte cuenta del acertijo, sentías mucha vergüenza por no haberte dado cuenta antes. Y es que, el secreto para atravesar la puerta de Alcalá era agradecer a la persona de tu izquierda que te dio la botella vacía para que pudieras contestar. Era eso, ser cortés, educado, pensar en el otro. Era un ejercicio tan sencillo, tan simple, y no nos dábamos cuenta. Estábamos pensando en el desafío y no podíamos "ver el elefante en la habitación". El profesor y todos los que habían ganado nos lo estaban diciendo todo el tiempo.

El ejercicio trataba de que tomásemos consciencia de cuán brutos nos ponemos cuando participamos de una competencia. Uno creía que el resto se estaba complotando para hacerlo quedar como un idiota a quien no sabía de qué iba el juego, pero, en verdad, el idiota era uno que había sido incapaz de, en treinta o cuarenta turnos, decir "gracias" al que estaba al lado.

Al darse cuenta de que el secreto era agradecer, uno sentía mucha culpa y vergüenza por su falta de educación. Y acá quiero destacar algo: muchas personas niegan la culpa y la vergüenza, creen que no son necesarias, que son malas. Pero quisiera darte una perspectiva diferente. ¿Me creerías si te dijera que cuando metés la pata sentir culpa es una buena señal? La culpa te hace entender que no fue correcto lo que hiciste. La culpa nace cuando sentís que hiciste algo mal, que lastimaste a alguien, que no hiciste las cosas de una manera correcta. La culpa te enseña que hay un corazón sensible que no disfruta de haber causado mal a otro. Lo preocupante sería que no sintieras culpa, que no te avergonzaras por no haber dicho "gracias" en treinta o cuarenta oportunidades. La culpa nos enseña que no tenemos que volver a hacer lo que hicimos.

Si, por el contrario, no sentís culpa, significa que no identificás lo que hiciste como algo negativo o que fue intrascendente para tu corazón (no le das el lugar para la reflexión que debe tener).

El ego también puede sentir culpa y vergüenza. Pero son distintas, no es por el dolor causado a los demás, sino por el propio dolor de no haber triunfado, de haber tardado, de compararse y no poder creer que tantos hayan logrado darse cuenta, mientras que uno se encontraba divagando en espesas neblinas de ignorancia. Por eso, la culpa es reveladora, nos enseña si estamos conectados a nuestra esencia o a una posición de poder irreal materializada en una identidad.

Yo sentí mucha vergüenza conmigo mismo, sentí que todavía tenía mucho por aprender. Porque no solo no había dicho "gracias" sino que... en ningún momento miré a los ojos a la persona que estaba a mi izquierda. No la había reconocido como persona, era una cosa que me alcanzaba la botella de plástico para querer adivinar el acertijo. Y mientras más duro te convertís, más difícil se te hace entender la simpleza del objetivo: sólo tenía que repetir lo que dijo, y lo estaba diciendo todo el tiempo y no podía darme cuenta.

Realmente me dio mucha vergüenza y culpa entender que, a veces, me concentro tanto en competir, que no logro conectar con mi humanidad. Creo que la vida es un juego y solo tenemos que seguir jugando. Y si se me permite, me gusta pensar que es un juego de equilibrio. Constantemente vamos jugando, vamos estando en equilibrio o desequilibrio.

La culpa participa de la vida, como también la vergüenza o incluso la confianza. Todas son expresiones válidas, pero son necesarias en equilibrio, en su punto justo, en el lugar, en el momento y en la intensidad adecuados. Usemos por ejemplo la idea de esperanza.

En este capítulo, mi idea era desafiar lo establecido y aportar una condición bonita a la culpa, para que no la reprimas cuando la sientas. Pero también podemos hacer el mismo juego con palabras bonitas y celebradas.

La esperanza es una palabra que se utiliza mucho como una virtud... pero ¿qué pensarías si te dijera que la esperanza es algo malo? No lo creerías, pues claro, la esperanza, en general, es una actitud de resiliencia que puede ayudar en muchas circunstancias o también puede llevarte a un lugar que te hace mal.

A lo largo de mi vida, pude escuchar a muchas personas que sufren violencia familiar aferrarse, con esperanza, a la idea de que, en algún momento, el familiar o pareja cambie de actitud. Que deje de humillar, de agredir, de mentir, de lastimar. Y así pasan los años y las décadas, la persona no cambia y la víctima, que tiene un buen corazón, sigue aferrada a esa ilusión que se ha creado.

Por eso, a veces, la esperanza puede ser perjudicial y, a veces, la culpa puede ser una caricia al corazón. ¿Cuál es la vara? Vos. Lo importante es no pensar en dualidad, ya lo hemos dicho en varias partes de este libro: hay que vomitar el fruto del árbol del conocimiento. No pienses en dualidad, no juzgues tu sentir por pautas de otros. Rompé el dos para volver al uno. Y ese uno es tu coherencia emocional.

La culpa es buena cuando te viene a enseñar, cuando revela que tenés un buen corazón. Pero te destruye cuando te castigás con ella. La esperanza es hermosa cuando sentís dentro tuyo que el camino que estás emprendiendo te conecta más con vos, cuando te ayuda a seguir. Pero, te lastima cuando no aceptás al momento presente tal cual es, generando así ilusiones que te vulneran.

En definitiva, para atravesar la puerta de Alcalá, solo se necesita reconocer que el otro es un ser humano que merece respeto y dignidad. Y eso es lo que quisiera que aprendieras leyendo este libro; a tratar mejor a los otros y a vos mismo. Que abandones todas las recetas y creencias que aprendiste en tu vida. Que abandones todo para poder seguirte a vos. Porque no hay recetas, el juego del equilibrio trata de mantener tu propio equilibrio.

Cuando regresé a Argentina, hice escala en Madrid. En el aeropuerto Adolfo Suárez Madrid-Barajas, en la terminal T2, se encuentra un bello letrero que indica la ubicación de una puerta, la Puerta de Alcalá. Sonreí al verla, me acordé de esa valiosa enseñanza que me había dejado el juego del simpático profesor.

Pasé por la tienda de caramelos y compré unos dulces para compartirlos con los trabajadores del aeropuerto. Los miré a los ojos, les sonreí y les di un dulce. Se rieron al recibir el regalo y también de mis remeras de Dragon Ball Z. Les dije que era de Tandil y que me estaba esperando mi gatito, el Sr. Pantuflas, en casa. Al despedirme, a punto de ingresar al avión, me llamó una de las trabajadoras y me dijo que había un asiento libre en primera clase, que me lo quería dar. Así fue como, por primera vez en mi vida, viajé en primera clase. Y todo gracias a aprender, gracias a haber sentido culpa y haber entendido una valiosa lección de humanidad.

Facundo Cabral decía: Si los malos supieran el buen negocio que es ser buena persona, serían buenas personas incluso por negocio. Y es así, parece que el universo conspira a nuestro favor cuando seguimos nuestra coherencia emocional y somos amables, tiernos y dulces con los demás.

Cuando una persona aprende, siente paz. El universo premia mucho esto. Tras cada paso de paz que des en tu vida vas a notar cómo el universo te envía señales de paz. Y esto no es una cuestión mística, sino una cuestión muy concreta de causa y efecto. Si seguís a tu coherencia emocional, vas a sentirte más alegre, más atento, más tranquilo y, por lo tanto, vas a andar por la vida extasiado, feliz, no vas a querer joderle la vida a nadie. Vas a querer invitar a todos a tu fiesta. Y así, vas a ir brillando con tu luz, alumbrando a los demás que van a sentir una linda sensación al compartir, aunque sea unos segundos, con alguien que mira a los ojos y agradece el bello milagro de vivir.

Dios se esconde en la mirada de tu prójimo.

Te mando un abrazo.

Posdata: Si llegás a estar en el Aeropuerto Adolfo Suárez Madrid-Barajas, en la terminal T2 y ves la puerta de Alcalá, mandame una selfie junto al cartel. Estoy seguro de que me va a surgir una sonrisa ante tan bella imagen.

No hay loto sin barro

Cuenta la leyenda que un joven monje, mientras meditaba junto a un estanque, se sintió enojado por la turbidez y el barro que veía en el agua. No podía comprender cómo algo tan impuro podía existir en un templo tan sagrado.

Un anciano maestro, notando su perturbación, se le acercó y le preguntó qué le inquietaba tanto. El joven señaló el estanque y dijo: Maestro, este estanque está lleno de barro y suciedad. ¿Cómo puede algo tan impuro existir en nuestro templo?

El maestro sonrió y señaló una flor de loto en plena floración que flotaba en medio del estanque. Mira esa flor, dijo. ¿No es hermosa? El monje asintió. La flor de loto, continuó el maestro, nace en el barro, crece en él y, sin embargo, emerge de este barro para mostrarse en todo su esplendor. Sin el barro, no habría loto. De la misma manera, es a través de nuestras dificultades y sufrimientos que podemos crecer y florecer en nuestra verdadera naturaleza.

El joven monje, después de reflexionar, entendió que, al igual que el loto necesita del barro para florecer, él también necesitaba enfrentar y aceptar sus propias imperfecciones y desafíos para encontrar su verdadero ser.

Desde ese día, cada vez que veía una flor de loto, se recordaba a sí mismo la importancia de aceptar y abrazar cada parte de su vida, sabiendo que cada experiencia, cada barro, cada pantano, era esencial para el desarrollo de su vida.

La flor de loto es una planta impresionante, una de las flores con el simbolismo más bello de todo el mundo. Esta flor crece en estanques y lagos lodosos, pero cuando emerge a la superficie y florece, lo hace con una pureza y belleza inmaculadas. Esta peculiaridad le confiere una rica simbología en la filosofía budista. Lo interesante de la planta es que es una planta acuática, no puede desarrollarse sin el lodo, sin el pantano. Es justamente este proceso lo que transforma a esta planta en un símbolo del camino que todos hemos recorrido y seguiremos transitando. De hecho, se suele representar al Buda Gautama en la posición meditativa de loto o parado junto a un loto para simbolizar el camino que tuvo que atravesar Siddharta para llegar a ser Buda.

Y es que, sus treinta años de príncipe y sus seis años de asceta lo hicieron ser Buda. Él nunca hubiera podido llegar a ese estado de consciencia si no hubiera pasado por esas situaciones. Esa es también la belleza del loto, no puede nacer sin antes haber extraído los nutrientes del pantano, de los alimentos que le brinda el fondo del fango.

Muchos nos enojamos por los momentos que nos tocan vivir. Es una actitud un poco caprichosa e infantil que todos, de alguna manera, tenemos. Queremos los logros sin hacer el esfuerzo. Queremos la belleza del loto, pero sin la suciedad del pantano. Queremos recibirnos de una universidad, pero no queremos estudiar. Queremos el cuerpo tallado, pero no queremos entrenar ni comer bien. Queremos llegar lejos sin atravesar el camino.

Y si lo conseguimos, miramos hacia atrás y sufrimos por todo lo que hemos vivido. Nos da vergüenza o bronca. Aflora en nosotros un resentimiento con la vida por habernos hecho atravesar el pantano.

De alguna manera, todos somos el joven monje zen. Siempre hay algo de nuestro pasado que nos duele, que no nos gustó. Pero, así como el loto, podemos aprender a transformar esos ratos oscuros y difíciles en nutrientes esenciales para nuestro proceso. Podemos aprender a ver el valor en cada experiencia, en cada desafío, en cada error. No hay que huir de nuestro pasado ni avergonzarnos de él. En su lugar, debemos aprender de él y usarlo como combustible para crecer y florecer en el presente.

¿Te confieso algo? Por mucho tiempo, me resistí a mi pantano. Lo rechazaba, me enojaba con él. No podía creer que hubiera intentado bajar de peso unas treinta veces durante más de quince años. No podía creer que me hubiera costado tantos años dejar de lado lo que no me hacía feliz como trabajo, personas, roles y vínculos.

El pasado, con todas sus imperfecciones y desafíos, es lo que nos ha traído hasta aquí. No era posible llegar sin haber atravesado todo ese fango. Esta es una parte integral de quienes somos. Y, aunque no podemos cambiar lo que ha sucedido, sí podemos cambiar nuestra percepción y actitud hacia ello.

En lugar de lamentar nuestras decisiones o situaciones del pasado, podríamos agradecer por las lecciones aprendidas y por la fortaleza adquirida. En lugar de ver el barro y el pantano como obstáculos, podríamos verlos como los nutrientes necesarios para nuestro crecimiento y desarrollo.

No hay loto sin barro. Ese es el secreto. El loto y el barro son lo mismo, son expresiones idénticas en la unidad. Tu pasado, con sus dolores y sonrisas, forjaron lo que sos hoy en día. El cambio de percepción al aceptar al barro permite abandonar la resistencia de lo que fue, para poder concentrarnos en lo que viene.

Al final del día, la belleza y la fuerza de la flor de loto no reside solo en su apariencia externa, sino más bien en su capacidad para transformar lo impuro en algo hermoso. El Buda hizo lo mismo con todo lo que vivió cuando fue Siddharta. Asimismo, nuestra verdadera fortaleza y belleza no se encuentran en la perfección, sino en nuestra capacidad para transformar nuestras heridas y errores en sabiduría y compasión.

Debemos recordar que cada persona tiene su propio estanque y barro con los que lidiar. La clave está en cómo decidimos enfrentarlos y qué decidimos hacer con ellos. En lugar de hundirnos en el barro, podemos utilizarlo para crecer y florecer.

Porque, al igual que la flor de loto, todos tenemos el potencial de transformar nuestras experiencias y surgir más fuertes y hermosos que nunca.

Así que, la próxima vez que te encuentres atrapado en el pantano de tu vida, recordá la lección del loto y del joven monje. No importa cuán oscuro o turbio sea el entorno, con determinación, paciencia y una actitud positiva, podés emerger y brillar con una luz y belleza incomparables.

Te mando un abrazo.

No fue tu culpa

No me gusta romantizar el dolor o el sufrimiento que vivimos. Cuando te hablo de la perfección del universo y de tu vida, no estoy con esto avalando las situaciones graves que viviste o cualquier acontecimiento que hayas experimentado. La perfección radica en entender que no hay pasado ni futuro, no hay aquí o allá. La perfección opera en el terreno del reconocimiento de aceptar que no hay dos en el universo, que todos somos uno.

Las cosas malas que te pasan son cosas malas, no las merecías, no las tenías que atravesar para llegar a tu objetivo. Simplemente sucedieron. Nadie te las envió, no hay un plan místico que determina cuánto va a sufrir cada persona. Esto me parece importante de destacar, porque muchas víctimas sufren la revictimización. Hay situaciones desagradables de todo tipo que no merecías, no hiciste nada para merecer sufrir, pero te tocó.

Muchos místicos y personas sumergidas en el ego espiritual van a disentir conmigo. En la India, país romantizado por tantos en estos tiempos, existen, por ejemplo, las castas sociales. Vos nacés en una casta y tus posibilidades están bastante condicionadas por esa arbitraria posición. Si sos un brahman que pertenece a la casta sacerdotal, eso significa que en tu vida anterior hiciste las cosas bien. Y si sos un intocable (la casta más baja de la sociedad), ni siquiera podés beber el agua de la misma fuente de la que beben las demás castas, y tus trabajos son humillantes; podés estar muriendo en la calle y nadie te va a ayudar porque estás pagando en esta vida el karma de tus vidas pasadas. Así de perversas son las reglas del ego espiritual.

Una vez, llegó a casa Carolina, una amiga que quiero mucho, preguntándome por qué los hombres la tratan mal y la abandonan. Ella es una mujer que busca ser la mejor en todo. Exitosa en los negocios, con su cuerpo, en los deportes, en todo lo que emprendía tenía que ser la mejor. Pero en el amor, siempre sufría. Los hombres la trataban mal, muy mal. Desesperada fue en búsqueda de ayuda... pero eligió ir a buscar ayuda a una terapia alternativa, a una que cree en las almas y las vidas pasadas.

La luz del atardecer se filtraba suavemente por las cortinas de mi departamento, proyectando una sombra tenue sobre el rostro de Carolina. La habitación estaba en silencio, excepto por el ruido ocasional de los autos en la calle y el distante canto de los pájaros. Al verme, sus ojos, que alguna vez brillaron, ahora reflejaban una profunda tristeza y cansancio. Parecía haber envejecido años en unos pocos días, con su postura encorvada y sus hombros caídos. El peso de una vida de confusiones y desilusiones parecía haberle pasado factura.

—Francisco, ahora entiendo todo... Ahora, por fin, entiendo por qué todos los hombres que elijo me tratan mal y me abandonan. Me siento tan mal, tan culpable, tan sucia.

Su voz temblaba, y cada palabra era como una herida abierta, revelando un dolor que había estado oculto durante demasiado tiempo. Respiré hondo, tratando de encontrar las palabras adecuadas, las palabras que podrían ofrecer consuelo.

—¿Por qué creés que te pasa eso, Caro?
—Fui a ver a un guía espiritual, hicimos un viaje hacia mis vidas pasadas.

Aunque intenté mantener una expresión neutral, mi sorpresa se reflejó en mi rostro.

—Okey... y ¿qué pasó?
—Ahora todo es tan claro... la culpa era mía. Me abandonan y me tratan mal porque estoy pagando en esta vida el karma de mi vida pasada, ya que fui un padre que abandonó y maltrató a su familia. Todo tiene sentido, es por eso por lo que estoy viviendo lo que estoy viviendo. La sincronicidad del universo es certera.

Las palabras de Caro me dejaron sin aliento. El ambiente se sintió aún más denso y la carga emocional en el aire era palpable. Ambos nos quedamos en silencio, tratando de procesar la magnitud de lo que acababa de compartir.

—Ay chiqui, no creo que el universo quiera verte sufrir—, dije en un intento de demostrarle comprensión y cariño— De hecho, vos no sos nadie para el universo, porque el universo somos todos. Lastimosamente, caíste en un espacio que tiene la creencia de transferir toda la culpa a la víctima. Pero quiero que entiendas algo: vos no tenés la culpa de haber sufrido lo que sufriste.

Las palabras parecían resonar en el aire. Caro parecía buscar respuestas en mis ojos, buscando un refugio.

—Pero ¿por qué me tratan mal todos los hombres? Me esfuerzo todo el tiempo y no logro que me quieran, siempre me abandonan. Tiene sentido que en otra vida haya sido un hombre y haya tratado mal a las mujeres. Estoy pagando mi karma, este sufrimiento es para sanar lo que hice.

—Quizás puede estar ahí el motivo de por qué resonás con personas que te lastiman—, continué, notando cómo en sus ojos se expresaban un universo de emociones—. Todo encuentro es un reencuentro, siempre estamos proyectando afuera lo que se esconde dentro nuestro. Muchas veces repetimos patrones porque así aprendimos. Y, no por vidas pasadas, es algo más cercano, en este caso es por la violencia que sufriste y aprendiste de niña. Quizás aprendiste que el amor se codifica y se expresa en el maltrato, en el desinterés, en esa lucha incesante y desgastante de conseguir transformar a un hombre distante en una persona que te quiera dulcemente.

Hubo un momento de silencio. Caro tomó una profunda inspiración, dejando que el aire fresco llenara sus pulmones.

—Nunca lo había visto de ese modo.

—Tu vida fue muy difícil, Caro, porque no hay peor desgaste que el querer mostrarte todo el tiempo perfecta.

Ella miró a la ventana con una lágrima que caía por su rostro.

—Estoy tan cansada de competir.
—Y, claro chiqui, es lo más desgastante del mundo—, le dije mirando también desde mi lugar a la ventana—. Pero no te sale frenar, el costo de frenar es demasiado alto. Porque no ser la mejor, dispara la misma herida de no sentirte suficiente. Dentro tuyo se esconde una profunda sensación de culpa porque creés que el abandono y la falta de amor que tuvo tu padre con vos fue por tu culpa.
—Si hubiera sido mejor no me hubiera abandonado—, susurró con la mirada perdida.
—No chiqui, los "hubiera" no existen—, contesté suavemente, sintiendo su dolor como si fuera mío—. No podés cargar en tu espalda con responsabilidades de otras personas. El abandono no habla del abandonado, habla del que abandonó. Vos eras una niña dulce que solo estaba queriendo recibir el amor de su papá, pero nunca llegó. Te esforzaste mucho, hiciste todo lo que estaba a tu alcance, pero nada fue suficiente. Te aferraste a esa esperanza, a esa ilusión de que, a lo mejor, si lograbas ser la mejor en todo, podrías recibir el amor que te fue negado. Y así transitaste tu vida, aprendiste que el amor era así, que vos tenías que trabajar y esforzarte para conseguirlo.

Carolina suspiró y dijo:

—Estoy cansada, siento que nada es suficiente.

Me incliné un poco, la miré a los ojos y le expliqué:

—Carolina, escuchame: no fue fácil ser Carolina. Siempre pensaste que Carolina nunca era suficiente, porque así te enseñaron, porque no tuviste a alguien que con ternura te mime y te apoye diciendo que ahora mismo ya sos suficiente. Fue un camino muy duro. No fue causado por vidas pasadas, no estás pagando nada, todo eso que te dijo ese gurú son manipulaciones o una ideología tan dañina que no merece la pena prestarle atención. El karma, pensado así, las vidas pasadas pensadas así, solo garantizan un sufrimiento que no te pertenece. Si el karma se hereda, si cargamos en nuestra espalda los errores de vidas pasadas, no hubiera podido existir Buda ni tampoco podrá existir.

Ella sintió curiosidad ante mi respuesta y me miró fijo a los ojos.

—¿A qué te referís? Si el karma es budista.

Me quedé en silencio, le esquivé la mirada y miré a la ventana. Luego de unos segundos y una exhalación prolongada, le dije:

—El pasado es pasado, no está ocurriendo. Una parte crucial del despertar del Buda radica en la comprensión y aceptación del presente. En lugar de quedar atrapado en lamentaciones o culpas del pasado, o en preocupaciones sobre el futuro, el Buda reconoció la importancia de aceptar el presente en toda su plenitud. Esto no significa ignorar o justificar el sufrimiento, sino reconocerlo, aprender de él y, lo más importante... soltarlo. En este sentido, el Buda no se vio restringido por un entendimiento tradicional del karma como un "deber" perpetuo basado en acciones pasadas. Ni vio su pasado como una pesada mochila que estaba cargando. En lugar de eso, lo entendió como a una interacción constante de causa y efecto, que se puede transformar en cualquier momento a través del entendimiento y la acción consciente. El karma se disuelve y se sana al soltarlo. El mensaje del Buda es, en esencia, liberador. No importa lo pesados que sean nuestros pasados, siempre tenemos la capacidad de despertar, de cambiar, de elegir un camino de comprensión y amor.

Un silencio se hizo presente por varios segundos y agregué:

—Al pasado no lo podemos controlar ni cambiar, pero sí podemos aprender de él y, en especial, decidir cómo responder ante lo que pasó.
—El pasado duele—, dijo de una manera reflexiva.
—Sí, duele un montón. Y creo que va a seguir doliendo. Son pocos los que pueden llegar a ese grado de conciencia de liberarse del pasado. Pero creo que se puede aprender a vivir con ese dolor, esta idea me parece más posible y amigable—, le dije sonriendo—. Tu pasado es tu pasado. Lo primero que tenés que entender es que no es tu culpa, y mucho menos de vidas pasadas. Viviste situaciones duras, que no merecías ni deseabas, pero ocurrieron, ¿vale?
—Está bien—. Y sonrió.
—Lo siguiente es sentir que no podés controlar lo que viviste. Salvo que tengas las esferas del dragón y puedas pedir un deseo, el pasado pasó como pasó—, le dije sonriendo para alivianar esa mochila que le habían endosado.

Caro soltó una leve risa.

—Quisiera poder tener las esferas del dragón para pedir un deseo, pero entiendo, no se puede cambiar el pasado.
—Ciertamente, a mí también me gustaría poder cambiar algunos detalles de mi vida, pero, por el momento, no se inventó la forma—, respondí con un guiño—. Ahora sentí tu respiración, cerrá tus ojos y andá prestando atención solamente a cómo ingresa y sale suavemente el aire de tu cuerpo.

Hice una pausa para asegurarme de que estuviese siguiendo las indicaciones y empecé a hablar cada vez más suavemente.

—Cuando venga algún recuerdo, pensalo como una bola de energía que llega a tu mente. Agarrala con una de tus manos y retirala suavemente para los costados. Si vuelve a venir, repetí ese movimiento con tu mano. Es algo sutil, delicado. Siempre volvé a la respiración. Cuando llegue un pensamiento del futuro, hacé lo mismo. Es una bola de energía que empieza a levitar y dar vueltas en tu cabeza. Tomala delicadamente con tu mano y arrojala lejos, tratando de volver a la respiración.

Los ruidos de los autos dejaron de oírse. Los pájaros hicieron silencio. El universo pareció detenerse para que Carolina pudiera sentir la unicidad que genera el momento presente.

—Lo estoy haciendo—, dijo susurrando.
—Sentí cómo esas esferas vienen a vos... pero vos no sos eso. Vos sos la que está respirando—, afirmé y tratando de reforzar la idea de permanecer en el presente— En este momento, no creo que haya muchos problemas. Estás respirando. Rara vez el presente tiene problemas, siempre suelen estar en las ilusiones del pasado o el futuro, pero ahora... ¿Qué problema hay?

Carolina se entregó al momento presente, en silencio. Después dijo:

—Ninguno, salvo estas esferas de luz que vienen del pasado.
—Sí, suelen venir muchas. Son como moscas que no nos dejan comer una rica torta en paz. Sacalas de manera delicada con tu mano y volvé a la respiración. Es revelador sentir la presencia y cómo esos pensamientos son ilusiones que vienen a molestarnos, pero que, en realidad, no están sucediendo en este momento.

Ella respiró profundamente, con los ojos cerrados, permitiéndose sentir la esencia de las palabras y el peso de la conversación que estábamos teniendo.

—Fran, siempre he buscado respuestas en los rincones más alejados, en historias antiguas y destinos escritos en las estrellas. Pero quizás, la verdad ha estado aquí, en este momento presente, esperando que la reconozca. Todavía duele, pero creo que duele un poquito menos y te agradezco por intentar cuidarme.

Asentí, encontrando sus ojos llenos de un nuevo reconocimiento.

—La vida es un misterio, Caro. No es una ecuación que deba resolverse, sino un camino por recorrer. A veces, no necesitamos mirar más allá del horizonte. La respuesta podría estar justo frente a nosotros, en el latido de este segundo. Creemos que nos pasan cosas por obra de dioses o vibraciones, y la verdad es que las respuestas están más cerca, en las enseñanzas y vivencias que hemos vivido.

Una sonrisa vulnerable cruzó su rostro.

—Gracias, Francisco. No sé qué vendrá después, pero, por primera vez en mucho tiempo, siento que estoy lista para enfrentarlo. No como prisionera de mi pasado, sino como alguien que está comenzando a entender su historia. Mi pasado no está ocurriendo ahora.

Le ofrecí una sonrisa reconfortante.

—Eso es lo único que podemos hacer, Caro. Vivir cada día, cada

momento, encontrando serenidad en el presente. Podés irte a tu casa hoy sabiendo que, en el ahora, se encuentra lo eterno. Solo recordá que el pasado deja sus cicatrices, que se trabajan, y que eso lleva tiempo. Pero la certeza de que no está ocurriendo nos puede abrir a la posibilidad de empezar a soltar esos patrones que nos vulneran y nos impiden conectar con la paz.

Mi amiga suspiró, pero no fue un suspiro de angustia. Fue un suspiro de liberación, como si se hubiera sacado una pesada mochila de encima. Y es que, se sacó la culpa de creer que ella era la responsable de la falta de amor que sufrió. Y ahora, sin esa carga, puede atreverse a realizar un proceso de amor propio que le va a llevar tiempo, con avances y retrocesos, pero que la abriga con una filosofía de vida que brinda ternura y compasión por nuestras vivencias.

Con Caro nos quedamos en silencio, permitiendo que la paz del presente nos envolviera. Ambos éramos conscientes de que el viaje hacia la sanación y el entendimiento es interminable, pero también de que el presente es lo único que realmente poseemos.

Mi gatito se despertó y vino maullando a acariciar a Carolina. Los pájaros empezaron a cantar y los autos empezaron a andar por la calle otra vez. Sonreímos y disfrutamos la tarde yendo a merendar una rica torta de dulce de leche y crema.

Te mando un abrazo.

CAPÍTULO XVI

El drenaje

Afuera no hay nada, siempre estamos en un eterno reencuentro con nosotros mismos. En la búsqueda de la coherencia emocional, maquillamos las causas y le echamos la culpa a dioses, a los astros girando alrededor del sol o arribando a respuestas o conclusiones cerradas, tales como "porque no" o "yo soy así".

Creo que todos somos, de alguna u otra manera, negadores de nuestras acciones. No sabemos bien por qué las hacemos ni por qué reproducimos la violencia de no ser fieles a nosotros mismos.

La rutina es la evasión. No sabemos por qué hacemos lo que hacemos. Por qué repetimos una acción que se desvía del camino de nuestra coherencia emocional. Pero, a veces, esa evasión, esa acción que nos trae desdicha, es la excusa que nos dimos para no sufrir. Hacemos cosas que generan el efecto contrario al que queremos lograr.

Una vez llegó a mi asesoría emocional una médica que había pasado por muchos profesionales y maestros. Ninguna terapia le había brindado respuestas. Intrigada por mi espacio de filosofía, decidió intentarlo. Ella era profundamente cristiana y una eminencia en su rama médica. Le llamaba mucho la atención que yo hablase del espíritu sin creer en el espíritu, que hablase del alma sin creer en el alma, que hablase de las religiones sin creer en ninguna doctrina. Quería saber sobre la unicidad del universo, sobre el auténtico significado de mi frase "el ruido exterior es el reflejo del ruido interior", y de la coherencia emocional.

Para no vulnerar ningún dato íntimo, diré que se llamaba Noemí. Entonces, tenía 64 años. Trabajaba en un hospital muchas horas, en otra clínica a unos 300 kilómetros, y en su propio consultorio. Su rutina laboral era extenuante. Ella quería renunciar a algo, pero no podía. Ese fue el principal motivo por el que recurrió a mi espacio.

—No puedo renunciar. Intento, prometo cada año que va a ser el último, pero siempre termino cediendo ante los pedidos de seguir en el cargo— me dijo sonriendo, pero no con una sonrisa alegre, sino con una sonrisa que esconde un profundo agotamiento. Intrigado por su malestar, le hice algunas preguntas de rutina.
—¿Te gusta tu trabajo?

Ella me miró, suspiró— y con cara de tristeza— me contestó:

—No. Ya estoy cansada, tengo 64 años. Hay muchas internas en mis trabajos. Personas celosas, manipuladores, mucho ego. Me agota tratar con este tipo de personas. Quiero estar en mi casa tejiendo y con mi familia.
—¿Tenés problemas económicos que hacen que tengas que seguir trabajando?
—No, no. Tengo una muy buena posición económica, gracias a Dios.
—¿Te hace bien sentir que ayudás?
—Te diría que sí, pero no. Ya estoy grande, me agota tratar con tantos pacientes y, en especial, con el personal médico. Quisiera quedarme con el consultorio privado, atender unos pocos casos a la semana, porque me hace bien... pero no la cantidad que manejo hoy en día.
—¿Sentís que le debés algo a tus jefes?
—No, hago mucho más de lo que me piden. No les debo nada. Solo quiero irme.

Se la notaba agotada. Saturada. Yo no entendía cómo, con esas evidencias, no podía tomar la decisión de irse. Hasta que llegó el momento en el que el ruido exterior enseñó todo con una frase al pasar, casi imperceptible, pero que escondía un profundo dolor.

—No puedo parar, lo intento, pero no puedo.

Un shock de adrenalina pasó por mi corazón, mis oídos se agudizaron, la piel se me erizó y me la quedé observando con mis pupilas dilatadas.

—¿Qué tiene de malo parar?—, agregué mirándola a los ojos—. Parar es parte de la vida, como también lo es avanzar. No hay ningún problema en parar. El problema, en todo caso, es no querer parar.
—Parar es morir—, dijo de manera contundente.

Su frase me dejó helado. A veces, las frases más breves pueden contener un océano de emociones. Con mucho tacto, al sentir esa inmensidad (y desproporción en su respuesta), le pregunté:

—¿Qué pasó cuando paraste? ¿Querés contarme?

Un silencio se hizo presente. Se corporizó. No fue un silencio cómodo, sino, más bien, desgarrador. Poco a poco fui observando su mirada, cómo iba recordando. Algo pasó. Algo le pasó.

Empezó a contarme de su infancia. Me dijo que había crecido en una pobreza extrema, dentro de una familia rural disfuncional, violenta, aunque muy unida. Vivían muy al límite y, en cuanto terminó el secundario, sus padres le entregaron un sobre con dinero, que habían estado ahorrando por años, para que ella cumpliera su sueño de ser profesional.

Ella se trasladó a la capital provincial e inició su vida como universitaria. Trabajó de niñera, en una estación de servicio, como cuidacoches y limpiando casas. Hizo un esfuerzo inconmensurable para salir adelante. De no hacerlo, hubiera tenido que regresar al campo y olvidarse de ser médica.

Noemí, hizo todo y más para salir adelante y lo logró. Y no solo eso; también tuvo una pareja muy posesiva a la que no le gustaba que ella estudiase y, cuando quedó embarazada, se opuso casi totalmente a que continuara su carrera. Así y todo, contra todo y contra todos, Noemí había logrado graduarse y, el mismo día de la entrega de diplomas, abandonar su casa y su vida, para retornar a su pueblo con dos hijos y nunca mirar para atrás..

Al contar sus vivencias, lloraba y lloraba. Era desgarrador escuchar esos llantos. Yo también lloré con ella. Yo había identificado en su primera frase el problema, la creencia de por qué no puede renunciar. Pero ella necesitaba hablar, necesitaba soltar eso, necesitaba llorar:

—Francisco, no entiendo qué está pasando. No le conté esto nunca a nadie. Ni a familiares ni a los profesionales que me atendieron. No entiendo cómo esto estuvo guardado tanto tiempo.

Yo solo hice silencio. Tampoco entendía el motivo del por qué se abrió de esa manera, pero respeté su proceso. Solo le pude decir:

—A veces, las lágrimas son el inicio de la sanación, mi querida y dulce amiga. No hay nada de malo en llorar, el problema, de nuevo, sería no querer llorar. Es lo que sentís, y, por primera vez, pudiste contar tu calvario, tu pasado. No solamente fue duro eso, sino también haber transitado toda tu vida con esas historias en silencio (silenciadas). Ahora tenés que drenar todas esas lágrimas que no lloraste.
—¿Drenar?
—Sí, tenés que provocar un drenaje. Esas lágrimas estuvieron contenidas, tus llantos no solo son lágrimas, sino también gritos de dolor. Y está bien, es necesario que sueltes todo. En estos próximos días vas a llorar un montón, vas a ir sanando de a poco. Tenete mucha paciencia, hablalo con tu marido, date el espacio para llorar, porque has destapado una olla que contenía mucha presión.

Hice silencio por unos segundos y le continué hablando con un tono de voz suave y dulce:

—Tu vida fue muy dura y sos un ejemplo de superación. Lograste, a base de mucho esfuerzo, superar todos tus límites, nada te detuvo. Y, en esencia, tu sistema de creencias te ayudó a no rendirte. Ahora entiendo, y es verdad lo que me dijiste: "Parar es morir". No te quedó otra, porque si vos parabas, si vos frenabas en algún momento de tu viaje, morías. Era una muerte simbólica, te morías en vida. Desde niña viste que la única forma de realizar tus sueños y salir de la situación en la que estabas era a partir de esforzarte, darlo todo, no frenar ni claudicar. Casi cualquier persona se hubiera rendido, pero vos no. En tu sistema de vida no estaba la opción de frenar. Y, gracias a eso, lograste todo lo que te propusiste. Vos sos una gran guerrera, una extraordinaria guerrera, tu armadura es famosa. Libraste todas las peleas que se pueden imaginar. Tus batallas son contadas en epopeyas y dramaturgos por todo el mundo contaron tus proezas. Realmente sos la mejor guerrera del mundo y tu

armadura te salvó de morir en muchas ocasiones donde tus enemigos te quisieron vencer.
—¿Soy una guerrera?
—¡Claro que sí! Nunca conocí una guerrera tan eficiente como vos. Para la guerra, sos la mejor. Nadie te puede vencer, ya lo demostraste. Tu armadura representa ese impulso de no rendirse, de no parar. Realmente sirve tener una armadura tan majestuosa como la tuya si nos enfrentamos a una batalla y a una guerra. Pero... ¿de qué sirve la armadura en tiempos de paz?

Ella sonrió y se quedó pensando. Yo seguí hablando:

—Imaginate preparando la comida con la armadura puesta. Es muy pesada, no te da mucha movilidad. También sería muy molesta si tenés que cosechar los cultivos de tu huerta o cortar el césped. Pesa muchos kilos, las rosas pueden pincharte, pero no es necesario llevar una armadura para podar un rosal.

Hasta tener sexo con la armadura debe ser muy molesto, con la calentura del momento se debe generar mucho calor dentro.

—Supongo que es verdad, debe ser bastante molesto vivir el día a día con una armadura puesta.

—Sí, en tiempos de paz, la armadura es algo muy molesto. No te diría que te la saques, porque no funciona así la vida. Yo ya sé que tengo que hacer dieta y ejercicio para bajar de peso, y no lo hago, así es que no te voy a decir a vos que te saques la armadura en tiempo de paz. Pero prestá atención a esto: esa armadura, que te sirvió tanto, ahora ya no te sirve. Si vienen tiempos de guerra, va a ser muy útil, pero en tiempos de paz... la armadura molesta. Desde muy niña te pusiste esa armadura, y casi no te la sacaste. Sacarte la armadura era morir. Y vos, que naciste en guerra, aprendiste en guerra, creciste en guerra, te transformaste en la mejor guerrera de todo el reino. El tema es que pasaste tanto tiempo con la armadura, que ahora no sabés vivir sin ella. Ves batallas en todos lados. Te acostumbraste tanto a la armadura, que te sentís desprotegida sin ella. Pero tenés que entender algo: vos no sos esa armadura y la paz no es guerra. Durante toda tu vida, trabajaste muchísimo, siempre con el miedo latente de la pobreza, del fracaso y, en tu cuenta bancaria, año tras año, se acumulaban muchos ceros, pero nada era suficiente. Ninguna cifra iba a calmar esa angustia que tenía esa niña ante la pobreza y violencia que sufrió. Por eso, ves guerra en todos lados, no hay paz en ningún lado. Tenés que trabajar y trabajar y trabajar porque "frenar es morir". Ni siquiera sabés descansar, tenés que estar tejiendo para sentirte que estás haciendo algo.

—Es verdad, siempre estoy haciendo algo. Limpiando, tejiendo o haciendo manualidades.

—Es que es entendible, chiqui. No sabés vivir en tiempos de paz. Para algunos, el desafío más grande es ir a la guerra, para vos, el desafío más importante es aprender a vivir en tiempos de paz.

—No lo había visto de esa forma. Tiene sentido.

La miré con dulzura y le pedí que cerrara los ojos, ella lo hizo al instante. Le hice hacer un ejercicio en el que debió abrazar a la Noemí niña, a la Noemí adolescente y a la Noemí adulta y decirles: Todo va a estar bien.

—La guerra terminó, la armadura ya no es necesaria. Ya está, ganaste esa guerra. Ahora queda disfrutar de la paz y, para eso, vas a tratar de aprender a estar en tiempos de paz. Te va a llevar tiempo, pero, poco a poco, te vas a ir acostumbrando a estar sin esa pesada armadura que tanto te sirvió en tiempos de guerra, pero que ahora es innecesaria. Te seco las lágrimas y te doy un abrazo en nombre de todas esas Noemíes que hicieron tanto para que hoy estés acá. Andá a tu casa a llorar, a drenar, de a poco vas a ir sanando. ¡Sos libre!

Con el tiempo, Noemí pudo renunciar a algunas obligaciones, y comenzó a disfrutar de su tiempo y de su familia. Hoy en día sigue en proceso de desprenderse totalmente de esa armadura, pero es un proceso que va a llevarle años de mucho amor y tolerancia. Pero desde ese entonces, se está animando a vivir una vida en paz, más acorde con su coherencia emocional.

Ojalá vos también puedas abrazar a tus yoes anteriores.
Ojalá vos también puedas drenar tus lágrimas.
Ojalá vos también puedas animarte a conectar con tu coherencia emocional.

Te mando un abrazo.

No podrás

Cuenta la leyenda que una valiente mujer de un pueblo no muy conocido y perdido en un vasto desierto se animó un día a entrar al templo sagrado que estaba a la vista de todos, pero al que nadie se animaba a ingresar. Sus padres siempre le habían dicho que en ese templo solo encontraría muerte y perdición. Todos sabían de este lugar maldito.

El templo estaba en medio de la ciudad, era imponente, pero estaba abandonado. Nadie quería ingresar. En las puertas se encontraban dos guardianes de piedra de tamaños colosales que decoraban y custodiaban celosamente la entrada.

La valiente mujer siempre tuvo inquietud, siempre sintió una extraña fascinación por ese templo y sus majestuosas puertas de tiempos de antaño que permanecían cerradas por el miedo a la maldición.

Un día cualquiera, y sin distinción real por fechas o alegorías, la mujer sintió que era suficiente, que ya no podía pasar ni un segundo más sin atravesar ese umbral que separaba al pueblo del templo sagrado. Salió de su casa y sus padres le dijeron: No podrás atravesar las puertas del templo. Recorrió el vecindario y sus vecinos le dijeron: No podrás atravesar las puertas del templo. Atravesó el centro urbano y los comerciantes le dijeron: No podrás atravesar las puertas del templo.

Todo el pueblo estaba observando a esa valiente mujer porque todos sabían bien que esa mirada comunicaba una firme e inequívoca convicción de ingresar al templo sagrado, lo cual era todo un acontecimiento porque nadie ni siquiera se había animado a pergeñar semejante acto.

La valiente mujer llegó a las puertas del templo. El pueblo entero estaba a unos cien metros detrás de ella. Dio tres pasos y quiso entrar. Los guardianes de piedra se movieron e impidieron su paso. Todo el pueblo sintió el terror, algunos empezaron a huir y muchos retrocedieron unos cuantos metros al observar tamaña maldición. Al ver las estatuas moverse, se escucharon gritos alertando a la mujer valiente para que desistiera: No podrás atravesar las puertas del templo. ¡Corre por tu vida!

A pesar de que eran de piedra y de colosales dimensiones, los gigantes hacían uso y alarde de una gran movilidad. La valiente mujer los quiso esquivar, pero no pudo, siempre se ponían delante de ella. El pueblo atemorizado contemplaba la situación, estupefacto por la valentía de la mujer.

Después de varios intentos, se sintió exhausta, aunque no se rendiría. Los guardianes de piedra empezaron a gritar y repetir una y otra vez: Renuncia a tu meta, no podrás atravesar las puertas del templo.

Cuenta la leyenda que los gritos fueron tan poderosos, que hicieron temblar a las galaxias y estrellas más lejanas del universo. Gracias a ese clamor tan intenso, la mujer valiente sintió, por primera vez, un breve destello de iluminación, y así despertó en ella el famoso satori[1]. Este es un espacio, un instante de claridad mental absoluta. Es un estado donde todas las distracciones, ilusiones y pensamientos egoístas desaparecen, y la mente se encuentra en perfecta armonía con el universo. Durante este momento, la persona puede percibir la interconexión de todas las cosas y comprender la naturaleza impermanente y sin ego de la existencia.

Como te venía contando, en ella despertó el satori, el espacio de no mente que se logra en el zen. Y, por fin, entendió la naturaleza inherente de los guardianes de piedra que le impedían cruzar el umbral del templo sagrado.

---

1 . Término japonés que designa la iluminación en el budismo zen.

La valiente mujer abrió los ojos con la cara de sorpresa más expresiva de todo el universo. Luego sintió paz y alegría. Había entendido todo, ahora podía ver bien. Exhausta pero decidida, se levantó y los miró a los ojos. Pero ya no había ojos de piedra en esa otra mirada, ni tampoco rostros o cuerpo de ese material. Toda esa piedra se disolvió y la mujer valiente empezó a ver con claridad.

Los guardianes de piedra no eran dos colosos majestuosos que se encontraban en la puerta del templo. Los que impedían cruzar el umbral del templo sagrado eran los padres de la mujer valiente. Eran sus vecinos. Eran los comerciantes que le vendían todos los días sus productos.

En definitiva, los guardianes del templo eran una multitud, eran todos aquellos que, durante su vida, le habían dicho que renunciara, que no iba a poder. Ella miraba hacia las puertas del templo y los encontraba a todos gritándole que no iba a poder atravesar las puertas. Ella miraba atrás y también los veía, a cien metros suyo, dándole los mismos "consejos". En esa contradicción comprendió que, en realidad, sus padres, vecinos y comerciantes no estaban adelante suyo en cuerpo... pero sí estaban en su corazón. Los guardianes del templo eran sus creencias limitantes, los miedos que heredó de todos aquellos que, durante mucho tiempo, le dijeron que no iba a poder atravesar las puertas del templo. Eran una ilusión.

El Buda dijo que lo mejor que te puede pasar es que te desilusiones, y así sucedió, gracias a lo cual la mujer valiente pudo ver las cosas como en verdad son. No eran colosos de piedra, ni siquiera eran personas... eran creencias, una ilusión, pero que, a ojos de su corazón, eran tan reales como personas de carne y hueso o estructuras imponentes de piedra.

La mujer valiente comprendió que, en su corazón, se encontraban todas esas agresiones, todos esos miedos que le fueron heredados para protegerla, incluso cuando le impidieran conectar con su verdad, con su permanencia afuera del templo al que siempre soñó ingresar.

La mujer valiente, tan joven y bella, pasó su vida entre miedos y consejos que la encarcelaron. La mujer valiente, tan joven y bella, entendió que las cadenas más pesadas son las que sujetan al corazón. Entendió que, en una guerra, a los perdedores los esclavizan, pero, en el amor, las cadenas son más sutiles: se llaman consejos y sugerencias. La mujer valiente entendió que su esclavitud era tan dura que veía gigantes de piedra frente a ella, impidiendo su ingreso al templo sagrado.

Y fue así como, en ese instante de lucidez llamado satori, la mujer valiente, tan joven y bella, pudo entender que la vida es una, que no hay aquí o allá y que, por lo tanto, lo que ve afuera es un reflejo de lo que está ocurriendo adentro suyo.

Por eso, con la certeza de haber sido esclavizada por miedos ajenos, y advertida de que en su corazón yacían límites que no les correspondían, la mujer valiente, tan bella y joven, logró deshacer la ilusión del control para entender que nadie ni nada la separaba de ese templo sagrado que soñaba penetrar.

Y así fue como una mujer valiente, joven y bella pudo, por fin, atravesar esas puertas que escondían el tesoro más grande y sagrado que alguien puede encontrar: su propia coherencia emocional. Cuenta la leyenda que, en ese preciso instante, florecieron todas las flores del mundo en honor a tamaña hazaña.

La vida es un misterio. El cuento zen termina abruptamente sin especificar mucho sobre qué hay en el templo sagrado. Simplemente dice que encontró su coherencia emocional. La belleza del zen es que enseña con palabras, pero también con la ausencia de ellas. Lo no manifestado en el zen es algo muy íntimo. Al zen no le interesa qué hay en el templo sagrado, solo le interesa que, si querés ir, podés. Adentro de esa locación puede estar el universo entero y puede haber tantos universos como personas se animen a ingresar.

Para algunos, el templo sagrado puede ser vivir en otro país. Para otros, en el hecho de dejar a su pareja. Quizás también puede ser cambiar de orientación sexual o abandonar una carrera universitaria. Hasta puede ser dejar amistades o animarse a realizar ese emprendimiento que nunca te animaste a realizar. Nadie sabe qué quiere el otro. Eso hace a la experiencia humana una fiesta. Cada uno tiene su templo sagrado y adentro de este se encuentra una experiencia válida de ser vivida.

El tema es no entrar en el templo sagrado de otros y animarse a entrar en el propio. Este cuento zen que les comparto trata de explicar y motivar a todos aquellos que creen que no podrán atravesar las puertas de su templo sagrado.

Nuestros seres queridos no son malos, simplemente nos quieren proteger. Sufrieron mucho o nacieron con esos miedos. Y como no quieren que suframos, nos encadenan con sus consejos que provienen del miedo que ellos también heredaron. El zen y Jesús tienen un punto de encuentro muy bello: no hay sanación sin perdón.

El mundo que percibimos con nuestros sentidos es una ilusión. Los miedos y heridas que creemos que otros nos han causado, también lo son. El perdón es el reconocimiento de que lo que creíamos que nos habían hecho, en realidad, nunca ocurrió en un nivel espiritual. Implica soltar la ilusión del control, los juicios que hemos proyectado sobre otros y nosotros mismos, para entender que vivimos lo que tuvimos que vivir.

Cuando perdonamos regresamos a un estado de amor y de paz, recordamos nuestra conexión inquebrantable con Dios, con el todo, con el universo. Por eso, el perdón es simplemente convertir a la situación en un camino de regreso al reconocimiento de nuestra identidad y unidad con lo divino.

La mujer valiente logra el satori, que es un espacio no mente. El satori es el premio del zen: un destello de unión con el vacío, con el todo. Es un instante en el que el océano se diluye en la gota para ser. Y, en ese instante, uno puede entender que todo es una unidad, que Dios se muestra en cada átomo, en cada locación donde la vista deposita su mirada y en cada suspiro que se pierde en el viento.

El satori es un instante en el que el Yo deja de existir y sentimos esa profunda conexión con Dios, con el todo. Y es ahí donde podemos entender que no hay nada, que no hay caminos por recorrer o, más bien, que hay tantos caminos como quieras recorrer. Simplemente tenés que ser vos en completa esencia, y desprenderte de esa pesada mochila que te colocaron de creencias, miedos y juicios.

El satori es una invitación a volver a tu inocencia. Esta es la clave de todo. La inocencia es la esencia de todo ser vivo. La inocencia te enseña que el paraíso no está perdido, sino olvidado, olvidado dentro tuyo.

El ser humano es bueno por naturaleza. Observen a los niños. Ellos no discriminan, no atacan, no juzgan, entienden a la vida como a una aventura. Ellos se sumergen en cada momento con todo su ser, con una entrega total. Esa es la inocencia en su máxima expresión.

Pero ¿qué sucede a medida que avanzamos en la vida? Nos envolvemos en capas de expectativas, normas, miedos, juicios... olvidando la esencia de nuestra verdadera naturaleza. Nos hacemos rígidos, aburridos, amargos, obedientes a deseos ajenos.

Al final, solo dejás sacar tu lado genuino, tu inocencia, cuando subís a un ascensor y bailás mirándote al espejo, pero, cuando las puertas abren, volvés a ser el mismo amargado que te enseñaron a ser.

Observen a los animales y su inocencia: un gatito no se preocupa por el mañana, ni llora por el ayer. Está absolutamente presente, viviendo su autenticidad sin intentar ser algo que no es. Si entra una mosca a la habitación, no duda, deja todo lo que está haciendo y va a cazarla. No encuentra conflictos con su naturaleza. El gatito es gatito, no quiere ser mariposa. El gatito duerme cuando quiere dormir y come cuando quiere comer. Los árboles, en su silencioso lenguaje, hacen lo mismo, nos hablan de esta verdad eterna. Los árboles se desnudan en invierno, no resisten el flujo del universo, simplemente se rinden a él y florecen en la primavera.

¿Por qué, nosotros, seres de una supuesta consciencia tan elevada, olvidamos este arte de la rendición, la inocencia y la autenticidad? En algún lugar, hemos olvidado que el paraíso no está en algún lugar lejano, no es una tierra prometida a la que llegaremos algún día. El paraíso está aquí, ahora, en este mismo momento. Eso es el satori. Está en nuestra risa, en nuestra capacidad de amar sin condiciones, en nuestra habilidad de estar presentes y maravillarnos con la simple brisa o el canto de un pájaro... es nuestra propia coherencia emocional.

La sociedad, con sus estructuras y normas, a menudo, oscurece esta verdad, nos aleja de nuestra esencia, nos hace buscar en el exterior lo que siempre ha estado en el interior. Pero, al igual que el árbol, que en primavera vuelve a florecer, nosotros también podemos redescubrir esa inocencia, esa pureza. Todo lo que se requiere es un momento de silencio, una pausa, un espacio de no mente para mirar hacia adentro y recordar que Dios está en todos lados.

La mujer valiente logró descartar todas esas creencias, todas esas falsas identidades, y encontró su esencia primordial. Pudo dejar de lado la corrupción que le han regalado. Y es por eso por lo que sonríe, se da cuenta de que era algo simple y verdaderamente tonto. Entendió que ese ruido que salía del cuarto no era un monstruo, sino un gatito que estaba jugando y haciendo ruido tirando cosas de la habitación. No eran gigantes de piedra, ni siquiera eran personas, eran ilusiones, eran sus creencias limitantes, eran miedos no reales. Y, por eso, sonríe... "¡Ah! ¡Era eso!". En ese instante, vuelve a su inocencia, vuelve a su estado natural de seguir a lo que siente y quiere seguir. Y es así como logra entrar en el templo sagrado sin inconvenientes.

Tenés que entender que todo ese ruido que está en tu corazón no te pertenece. Esos gigantes de piedra que te impiden ser quien sos, hacer lo que sentís que querés hacer y sentir lo que querés sentir, son esas personas que te enseñaron a temer. Pero el verdadero milagro es deshacer la ilusión de separación y comprender que ni siquiera son personas. Son meras distorsiones ilusorias que se crearon dentro tuyo para separarte de tu esencia, de tu coherencia emocional.

Tu inocencia te puede salvar si le permitís que se exprese. Porque la inocencia empieza donde el perdón y el milagro operaron previamente. La inocencia es volver a un estado de pureza,

a ese estado de unión con el infinito que se expresa en los jardines del Edén. Gracias a la corrección que genera el milagro que anula al miedo y a los juicios que te enseñaron, la inocencia te permite brillar por tu propia luz en un estado de ternura. En ese contexto, el mundo es una aventura para ser vivida. No hay miedos ni ataduras, no hay aquí o allá, no hay muerte o purgatorio. Sos uno con el universo, sin pasado o futuro, en un estado de presencia que te conecta con tu mayor intimidad, con tu esencia sagrada y, desde ahí, vas por el mundo siendo quien en verdad sos.

Dormirás la siesta cuando quieras dormir la siesta. Dirás "te amo" cuando quieras decir "te amo". Echarás de tu casa al que no sea bienvenido. Renunciarás a trabajos o vínculos en los que el amor se haya terminado, deseando que cada persona conecte con su esencia. Te vas a alejar de lugares en los que, permanecer implicaría para vos una traición a tu divina esencia.

No juzgarás otra vez tu falta de amor, porque entenderás que el amor es todo y cada persona o momento es una enseñanza por ser vivida. Por lo que, en verdad, si sentís que el momento de decir "adiós" ha llegado, lo dirás con alegría, porque cada persona se libera para seguir descubriendo el amor que merece. Serás tan transparente que te transformarás en caprichoso. Muchos dormidos te dirán egoísta, pero será porque confunden aguantar con vivir. Si bien todos aguantamos situaciones, esto se hace desde el amor, y no desde el sacrificio. Cuando hay coherencia emocional se puede aguantar cualquier situación, porque entendés que todo es parte del camino de tu esencia y de tus sueños. Pero cuando lleguen situaciones que no te gusten, que no quieras transitar porque sentís que te separan de tu esencia, dirás que no y serás testarudo, no tolerante, hasta harás berrinche como un niño porque sabrás bien que estás siendo incoherente con tu ser.

Pero esta sociedad ha sido corrompida por el pecado original desde tiempos inmemoriales y las descendencias cargan los pecados de sus padres. Recordemos que UCDM (Un curso de milagros) entiende que el pecado no es visto como una transgresión real o una ofensa hacia Dios. Más bien, se considera una ilusión o un error de percepción. Es un concepto equivocado que surge de la creencia en la separación de Dios y del amor.

El pecado es un error que puede ser corregido, no una mancha permanente en nuestra esencia. En vez de ser una "falta" que merece castigo, el pecado es un equívoco que necesita ser corregido a través del perdón y la comprensión. Por eso, la desobediencia de Adán y Eva no es el pecado original, sino que es la creencia ilusoria de que podemos estar separados de Dios, y esta se expresa en el hecho de juzgar a lo que es. Esta percepción errónea de separación es la raíz de todo miedo, culpa y conflicto en nuestra experiencia humana.

El antídoto es el milagro del perdón. Con él reconocemos que el pecado nunca ocurrió realmente en un nivel espiritual y que nuestra verdadera naturaleza sigue siendo inmaculada e inalterable. Solo el amor es real y todo lo demás, incluido el pecado, es una ilusión. Por eso, al ser una ilusión, el pecado no tiene un efecto real en nuestra verdadera naturaleza espiritual, que siempre ha sido y siempre será perfecta, en sintonía y en paz con la unicidad de Dios.

La mujer valiente comprende, en ese instante de lucidez, esta verdad y logra deshacer todas las ilusiones que la atormentaron desde que nació. Logró corregir esa corrupción, pudo observar con claridad. La mujer valiente logró anular y sanar todo su árbol genealógico en ese momento. Recuerden que el templo sagrado estaba a la vista de todos en el centro del pueblo. Todos sabían de su existencia, de su lugar, no tenían que viajar a las montañas o recorrer largas distancias. Estaba en el corazón mismo de la ciudad... pero nadie intentó ingresar.

Así nos pasa a nosotros con nuestra coherencia emocional. Sabemos dónde está, pero no nos animamos a ingresar. Por esas

voces, por esos pecados que nos cargaron y de los que nuestros padres, vecinos y comerciantes también fueron víctimas.

Por eso, la mujer valiente al deshacer la ilusión y ver que se trataba de ciertas creencias no reales, pudo reír e ingresar sin dificultades. Con ese hecho, pudo sanar siglos de heridas y miedos heredados. Pudo enseñarles a todas esas generaciones ancestrales que el templo sagrado está abierto y disponible para acoger a todo aquel que desee ingresar. En este templo no se cobra peaje, no hay guardianes, no hay acertijos, hay una puerta que se abre para que puedas por fin ingresar a tu coherencia emocional.

Sé que tenés miedo. Sentís que vas a estar en falta, que vas a ser una mala persona, un mal hijo, un mal vecino. También sé que te genera mucha ansiedad y creés que es mejor aguantar para contentar a los demás. Pasaste toda tu vida siendo una gran sombra. No aceptás perder ni rendirte. Te pusiste en piloto automático y así pasaron décadas siendo alguien que no sos. Y buscás la felicidad en todo el pueblo, pero no en el templo sagrado. Y así te vas desgastando, las arenas del tiempo avanzan y vos seguís sin vivir.

Sentís mucha culpa y miedo porque, durante toda tu vida, te han dicho "no podés", "no debés" o "no lograrás ingresar al templo". Pero hoy, quizás, por primera vez en tu vida, vas a leer esto: vos podés, no hay nada de malo en ser quien sos. Podés ahora mismo ingresar en el templo sagrado. No hay guardianes ni nadie al frente tuyo, solo eran miedos que ya fueron perdonados y corregidos. Esta es tu vida, tu única vida y es tuya. No te quedes donde ya no es tu hogar, no beses los labios de quien ya resulta un extraño. Amá y vas a ver cómo el universo empieza a conspirar a tu favor. Sé vos y sentirás a Dios y al amor en vos y en todo lo que elijas ser.

Como Dios es todo y todo átomo es Dios, lo único que tenés que hacer es seguir a tu coherencia emocional. Siendo vos, vas a ser inocente, tierno, alegre y vas a dar amor a todos los seres del mundo. Cuando entres en ese estado de paz de ser quien sos, el planeta va a estar tan contento, que van a florecer todas las flores del mundo.

Te mando un abrazo.

CAPÍTULO XVIII

Que me quieran bonito

Cinco años casada, profesional exitosa, deportista olímpica, tenía una vida rutinaria con todo lo que la sociedad, su familia y hasta su propia identidad le demandaban... pero no era feliz. Siempre soñó con viajar, dejar su profesión y abrazar otra nueva. Siempre quiso dejar su trabajo para tener su empresa.

Ella gritaba sin sonido, lloraba sin lágrimas, su sonrisa era de cartón. Se transformó en una sombra, una sombra que todos aplaudían. Su esposo estaba contento de tener a tan bella mujer a su lado. Su familia estaba satisfecha porque era disciplinada. Sus jefes estaban contentos con tan buena empleada. Era un pájaro, un bello pájaro, en una jaula, una jaula de oro.

Cuando era joven decía al mundo lo que quería ser. Luego de varias críticas empezó a decirlo de vez en cuando. Más tarde lo susurraba cuando veía su reflejo en una vidriera. Hasta que en un momento el silencio la abrazó.

Una noche tuvo un sueño extraño. Pudo sentir su cuerpo, sentir la sangre pasar por sus venas. Pero no era sangre, era oscuridad, un liquído espeso y negro. Por cada arteria pasaba esa oscuridad. Ella despertó abruptamente, miró el techo y dijo que ya era suficiente.

Quería a su esposo, pero se amaba un poco más como para seguir relegándose. Quería su trabajo, pero quería un poco más hacer lo que amaba. Quería a su familia, pero sentía que ya había vivido suficiente la vida que ellos querían y se animó, por primera vez, a seguir su coherencia emocional.

Hoy es libre, deambula oliendo las flores de las primaveras de todos los horizontes donde el humano posó alguna vez su mirada. Va sola por la vida andando y andando. No sabe para dónde ir pero no se preocupa porque no hay norte en una tierra redonda. A veces de tanto caminar llega al comienzo de donde partió. Llega y le da un beso a su madre que la extraña y a los pájaros del vecindario que parece que no la han olvidado. Toma un café por la mañana mirando al sol salir desde la ventana que la cobijó en su infancia.

Sigue andando. Prefiere ir caminando que usar un caballo prestado. Con mucho amor por sí misma avanza en su emprendimiento, buscando como mejorar a cada instante. Ahora llora con lágrimas, grita hasta aturdir, ríe a carcajadas y cada vez que habla de su emprendimiento sus ojos brillan con la fuerza de mil soles.

Pero a pesar de todo, en el amor, todavía tiene miedo. Dios se le presentó en un sueño y le dijo:
-Qué quieres?
-Que me quieran bonito.
-Bueno, si quieres eso puedo dartelo.
-Creo que ya es el momento.
-Qué estás dispuesta a dar?
-Todo.
-Bueno, si así quieres, así tendrás.

Otra vez se despertó mirando el techo, pero esta vez sintió una extraña paz.

Dicen que si uno pide a Dios valentía, Dios le dará la oportunidad para que sea valiente. Si uno pide que lo quieran bonito, Dios dará la oportunidad para que te quieran bonito... pero... qué estás dispuesta a dar?

Sintió miedo, sintió que en sus venas pasa un liquido negro. Ella tiene mucha oscuridad dentro a la que le teme. Llora al sentir ese líquido, llora al sentir que llegó esa persona que estaba esperando. Llora porque no sabe querer bonito.

Pero no es que no sabe querer bonito. Sino que desde muy chica, la han censurado. Creyó que, si ella era obediente y excelente en sus acciones, a lo mejor, iba a ser celebrada, iba a ser valorada. Y es así como pasó la vida ocultándose. Le hicieron creer que no tiene sangre, sino liquido negro, oscuridad. Le hicieron creer que su esencia era negra y por eso la ocultó.

Hoy Dios le da la oportunidad, como se la da a todos. Lo único que le pide es que se anime, por fin, a soltar la última resistencia a lo que le dijeron que es, para así, por primera vez, querer bonito y que la quieran bonito. Supone el mayor de los desafíos, pero Dios no da tareas imposibles.

Cada persona tiene la capacidad de buscar y encontrar la autenticidad, y también... que la quieran bonito.

Te mando un abrazo.

CAPÍTULO XIX

El sendero susurra tu nombre

Creo que llegó el momento de terminar este libro. Lo di todo. En cada palabra se encuentra todo mi amor para ustedes. Me siento satisfecho, en paz conmigo mismo. Mi sueño siempre fue ser escritor, y en este libro, lo pude cumplir. Gracias por haber leído hasta acá. Deseo de corazón que, en algún pasaje, te haya tocado alguna fibra que mueva esa percepción que te tiene anclada o anclado al dolor, para transformarlo en una oportunidad de ser quien sos.

Te voy a dejar la última reflexión extremadamente breve de esta aventura que hemos atravesado juntos desde hace cientos de hojas atrás: Hay un sendero que susurra tu nombre a todo momento. A veces no lo escuchás, y es porque estás en el medio de una autopista llena de autos que avanzan hacia un mismo destino y de otros que avanzan en sentido contrario.

El gran desafío que tenemos es abandonar la autopista y entregarnos al sendero. Esto es fundamental, es la clave de todo. El camino de tu coherencia emocional es un camino solitario. El tema es que nadie quiere estar solo, por eso, abandonamos el sendero personal para sumarnos a autopistas llenas de autos.

Queremos ser aprendices, seguir a un líder, a una metodología, queremos ser alumnos, pertenecer. Y así nos vamos apagando, nos vamos separando de nuestra coherencia emocional. El sendero es algo muy íntimo, es tuyo, solamente vos podés cruzar por ahí. Es solitario, pero muy bonito. Cada persona tiene su sendero por recorrer, y este es precioso. Hay tantos senderos como personas en este mundo. No lo cambies por una autopista. El sendero deambula por un lugar, la autopista optimiza y va de un punto a otro, lo más rápido posible. Pero la vida no trata de rapidez y optimización. La vida es una aventura, un misterio, y el sendero te hace perder para encontrarte.

Volvé al sendero y alejate de las autopistas, estas tienen mucho ruido, hay muchas personas apuradas en seguir la ruta que fue impuesta por otros. Las autopistas te alejan de tu verdadero destino. Solo en el misterio azaroso del sendero encontrarás lo que siempre te estuvo esperando: tu coherencia emocional.

Yo sueño con cambiar al mundo, pero no con la necesidad de cambiarlo, sino más bien como un resultado de decantación. Realmente creo que la paz mundial se va a lograr cuando cada persona abandone sus miedos y juicios (esas autopistas) y se conecte con su coherencia emocional, con su sendero.

El rol de cada persona no es despertar a nadie, sino brillar con su propia luz. Y, con esa luz tan radiante, las personas de alrededor se despertarán por sí mismas. Esta luz solo brillará sin cesar cuando estemos en el templo sagrado de tu coherencia emocional, en tu sendero personal...

Ojalá puedas animarte a seguir a tu coherencia, te esperan un montón de aventuras. La vida es una, única, indivisible y es tuya, te pertenece.

Te deseo lo mejor, esta aventura llega a su fin. En el 2010 terminé la secundaria. En Tandil se estila que todos los colegios compitan haciendo una coreografía con alguna temática en particular. Mi colegio eligió la historia del videojuego Mario Bross. La bandera de la agrupación tiene un mensaje zen muy profundo: "Cada final es un nuevo comienzo, sólo basta con seguir jugando". Lo interesante de los finales es que siempre dan lugar a un nuevo comienzo por vivir. Nos vemos en la siguiente aventura.

Te mando un abrazo.

Posdata: estoy en Tandil, son las 00:15 horas del 9 de octubre 2023. Una brisa de primavera atrae el aroma de una lluvia que no tarda en llegar. Mi planta zen acaba de sacar otra hoja que se empieza a elevar por la maceta. Mi gatito descansa apoyado sobre mi muñeca izquierda que escribe esta última letra.

¿Por qué diseñar Hago lo que puedo?

Se preguntarán qué hace un texto de una diseñadora en este libro, en primer lugar, por la inmensa generosidad del autor de esta obra, y en segundo lugar, porque les quería contar que como profesional y divulgadora de temas del Diseño, creo que como diseñadores tenemos un rol social y por ende una responsabilidad en el ejercicio de la práctica. Es por eso que hace mucho tiempo decidí involucrarme solo en proyectos en los que creo y este es uno de ellos.

El diseño editorial es una de mis pasiones, y creo que es fundamental para dar valor agregado a obras como esta, para que no pasen desapercibidas, para que lleguen de la mejor manera a quienes tienen que llegar.

Diseñé pensando en ustedes, lectores y lectoras, para favorecerles esta práctica, y dentro de lo posible hacerla amable.

Se dice que se sabe que un diseño está bien hecho cuando casi no se nota. ¿No les pasó que alguna vez dejaron de leer algún libro porque la tipografía estaba muy chiquita, el texto muy pegado o había poco margen? Bueno, espero que en esta oportunidad no les suceda esto, porque pensamos en una tipografía diseñada exclusivamente para la lectura inmersiva de textos largos, elaborada por una fundidora tipográfica argentina, usamos un cuerpo tipográfico y una interlínea generosos que esperamos les amaine el acto de lectura, porque sabemos que es un libro para devorar antes de ir a dormir, con poca luz, o cuando vas en algún medio de transporte, que hace que las líneas de texto se muevan con el ajetreo.

Pensar en quiénes van a leer el libro, en su acto de lectura, y no en un mero ejercicio estético creo que es parte de la labor de los y las profesionales del diseño.

Para mi, ***diseñar es un acto ideológico***, y por eso, repito, decidí ser parte de este proyecto, porque creo en Francisco, y en gente como él, que abraza las causas por las que cree. Él encarna la misma esencia que vos o yo, abrazando sus convicciones y contradicciones con una empatía enorme.

Desde su experiencia, se esfuerza por guiar e inspirar a otros desde un enfoque realista y libre de idealizaciones. No obstante, ha tenido que sacrificar mucho para abandonar su zona de confort y ha demostrado que es posible avanzar, aun a pesar de los errores cometidos en el camino. Sin duda, esta actitud me resulta admirable.

Mariana Pittaluga
Dra. en Arte latinoamercano,
Diseñadora Gráfica y escritora
@mariana_pittaluga
www.marianapittaluga.com.ar

Este libro y vos ya son uno.
Te dejo estas notas para que escribas
lo que sientas

La presente edición de
Hago lo que puedo, reflexiones para conectar con tu coherencia emocional,
fue compuesta con las tipografías *Manuale* y *Chivo* de la fundidora tipográfica argentina Omnibus Type.

Este libro se terminó de imprimir
en el mes de noviembre de 2023
en los Talleres Gráficos Color Efe,
Paso 192, Avellaneda,
Buenos Aires, Argentina.

Tirada 1000 ejemplares

Made in the USA
Monee, IL
13 August 2025

23269407R00132